« DANS LA VENTE,
LE BON PROFIL,
C'EST CELUI CAPABLE DE FAIRE FACE »

© 2016, Daniel Cisse ; Jean-L. Lehmann

Edition : BoD - Books on Demand
12/14 rond-point des Champs Elysées, 75008 Paris
Impression : Books on Demand GmbH, Norderstedt, Allemagne
ISBN : 9782322077311
Dépôt légal : Mai 2016

Remerciements

Nous profitons de ce livre pour remercier l'ensemble de nos collègues, stagiaires et surtout clients pour les délicieux moments qu'ils nous font passer. En effet, les anecdotes relatées dans ce livre n'auraient pas pu exister sans leur contribution active. Nous les remercions également d'avance pour tous ces bons moments qu'ils contribueront à nous faire vivre.

Contacts

Puisque nous restons avant tout des commerciaux, nous vous proposons de nous joindre si vous souhaitez échanger avec nous.

Business Training

7 rue de l'indre 44000 Nantes

Tel 02.40.89.91.91

Site : www.businesstraining.fr

« Si la vente est le plus facile des métiers difficiles, c'est le plus difficile des métiers faciles »

Derrière cette maxime se trouvent une réalité ou plutôt des réalités qui font de ce métier un bonheur de tous les instants.

Parce qu'il est fait d'expérience, de compétence et de motivation mais aussi d'expériences et d'anecdotes toutes plus improbables les unes que les autres, ce métier est sans cesse renouvelé.

Il n'est que de parler avec des vendeurs, des commerciaux, des chargés de clientèle et leurs chefs des ventes qui vous racontent ce qu'ils ont vécu avec leurs clients et leurs prospects pour partager ce point de vue.

Ce livre n'a pour seul objectif que de vous distraire tout en vous rappelant quelques fondamentaux de l'art de vendre. Volontairement, nous avons voulu faire un livre de vendeurs, pour des vendeurs.

Aussi, au-delà des conseils et des leçons qui font les titres et synthétisent les thèmes de ce livre, ce sont les situations vécues qu'il faut savourer.

« La vie est une école où les leçons coûtent cher »

Toutes les histoires qui suivent vous le montreront.

LE TOUR DE LA VENTE EN 80 LECONS

LES 80 LECONS

1 Trouver le vrai décideur
2 Prendre contact au bon moment
3 Se méfier des commandes orales
4 Prêter pour mieux vendre
5 Poser toutes les questions
6 Bouger ses fesses
7 Laisser la crise au autres
8 Déstresser par l'humour
9 Ne pas se tromper de cible
10 Choisir son entrée
11 Transformer un défaut en qualité
12 Savoir doser ses propos
13 Trouver le vrai besoin
14 Savoir tirer les leçons
15 Travailler la recommandation pour aller plus vite, plus loin, plus rentable
16 Etre à la hauteur de ses promesses
17 Trouver le bon chemin (et utiliser les bons moyens)
18 Balader la concurrence
19 Cultiver la discrétion
20 Soigner tous les détails
21 Avoir une grande ouverture d'esprit
22 Accueillir sans juger (ni condamner)
23 Soigner les détails (le retour)
24 Impliquer son prospect
25 Agir au lieu d'attendre
26 Savoir rebondir
27 Positiver les situations
28 Chercher l'efficacité (sans regret)

29 Fuir les amuseurs
30 Votre temps, c'est votre capital
31 Chercher aux bons endroits
32 Faire régulièrement l'analyse de son activité
33 Profiter des circonstances
34 Etre parfaitement outillé (pour vendre)
35 Soigner sa forme et prévoir… l'imprévisible
36 Etre bien pour être bon
37 Penser que tout est vente
38 Savoir partir
39 Garder ses argumentaires pour les (vrais) clients
40 Avoir des plans B ou C
41 Observer et analyser les comportements
42 Soigner la propreté pour ne pas être repoussé.
43 Soigner la première et la dernière image
44 Ne pas gâcher le plaisir d'acheter du client
45 Etre lucide sur le métier
46 Tirer profit d'une « banale » information
47 Savoir observer pour s'informer
48 Le meilleur vendeur, c'est vous
49 Ne rien laisser au hasard
50 Tous prospects – tous clients
51 Appliquer les bonnes méthodes pour devenir meilleur
52 Prendre la commande quand l'envie est là
53 Lutter contre l'habitude
54 Se fixer des objectifs ambitieux
55 Maintenir un contact continu
56 Prendre des décisions fortes
57 Différencier DISCUTER et VENDRE
58 Trouver des clients partout
59 Ne pas confondre activité et efficacité
60 Etre heureux pour donner envie (et faire des envieux)
61 Avoir le sens du timing
62 Contrôler son environnement
63 Se méfier des gentils

64 Aider le client à se décider ... à vous choisir
65 Mentir pour le bien du client
66 Optimiser son temps de présence
67 Visualiser son business
68 Appliquer les recettes qui ont fait leurs preuves
69 Agir à bon escient
70 Chercher le contact direct
71 Se taire
72 Rester à sa place
73 Eviter de parler politique
74 Qui se ressemble s'assemble (ou pas)
75 Vendre à la communauté
76 Jouer la neutralité pour élargir sa clientèle
77 Rester vigilant.
78 Savoir valoriser le client
79 Gérer le non verbal
80 Evacuer les problèmes et trouver les solutions

LES CITATIONS AUXQUELLES VOUS CROYEZ AVOIR ECHAPPE

LES AUTEURS

1 - TROUVER LE VRAI DECIDEUR

Chipette

Frédéric Vaillant est le leader de l'équipe commerciale de la société CHAMOULAUD et peut légitimement nourrir l'espoir de succéder à Marcel BRUNETON le vieux chef de vente lorsqu'il prendra sa retraite.
Le secteur de Frédéric est constitué par l'ouest du Puy-de-Dôme et la Creuse.
« A l'hôpital de Sainte Feyre (près de Guéret), explique-t-il à son ami Jérémy DUTOURD, je fais la loi.
Je fournis tout le mobilier et les copieurs. La compétence de la firme est reconnue... - ajoute- t- il en souriant... et la mienne aussi.
Je fais ce que je veux à Sainte Feyre et justement je m'y rends mardi pour remplacer leur principal copieur actuel par notre nouvelle machine haut de gamme, merveilleux matériel qui va les enchanter.

Il les enchante effectivement.
Sont présents Etienne LAUMONIER le directeur, l'économe, Amélie la responsable du secrétariat et ses adjointes, dont la plus jeune, Lydie GALLIER, environ 22 ans, que tout le monde en ce lieu surnomme CHIPETTE.
Au cours de la démonstration mademoiselle GALLIER se permet deux ou trois petites réflexions peu aimables à propos de la société CHAMOULAUD et de ses équipements.
Frédéric la remet vertement à sa place, fort de sa notoriété et de son expérience avérée.

Quelques jours plus tard Frédéric a rendez-vous avec monsieur LAUMONIER afin de concrétiser sa commande... et à sa grande stupéfaction, il apprend qu'un matériel concurrent a été choisi.
L'impensable est arrivé, comment est-ce possible ?
Son matériel et son service après-vente sont incontestablement de meilleure qualité, comment est-ce possible ?

Il fait part de son incompréhension et de sa déception à son ami DUTOURD.
« Raconte-moi l'affaire en détail »

Frédéric commente la démonstration prodigue en commentaires techniques et économiques et un bref instant conte l'incident CHIPETTE.
« Arrêtes, tu as envoyé balader CHIPETTE ?
- Oui, mais...
Mais ne cherche plus, CHIPETTE, si tu ne le savais pas est la maitresse de LAUMONIER; Elle s'est vengée sur l'oreiller en démolissant ton offre.
Tu le sais pourtant, en vente, il ne faut pas se tromper de décideur.
Tu as sous-estimé CHIPETTE.
Frédéric, tu t'es trompé de décideur.
Le vrai décideur à Sainte Feyre c'est CHIPETTE ! »

2 - PRENDRE CONTACT AU BON MOMENT

Le bon timing

En tant qu'intervenant en formation et recrutement, Richard enseignait comment prospecter...et commençait par utiliser sa méthode...pour lui-même.
Avec listing soigneusement au point, comprenant à chaque ligne, la raison sociale de la firme la commune, le numéro de téléphone et le patronyme du décideur (il faut pour cela avoir pré-prospecté), Richard appelait ente 7 heures 30 et 9 heures 15.
A cette heure, comme nous le savons, pas de barrage et un chef d'entreprise souvent dispos et de bonne (ou d'assez bonne) humeur.
A 10 heures, il est fréquemment parti de sa base et s'il est encore là, des ennuis sont parfois venus se greffer, cela le soucie, il est peut-être en retard (pour tout et autant que l'on soit parvenu jusqu'à lui).
Parvenu jusqu'à lui.
Entre 7 heures 30 et 9 heures 15, Jean aussi est frais et dispos.
Les jours où il prospecte, ce timing durant, Jean prend en moyenne 3 bons rendez- vous.
Et la journée ne fait que commencer...

Et le samedi matin, quand tout le monde est en week-end, c'est encore plus facile !

3 - SE MEFIER DES COMMANDES ORALES

Cauville Sur Mer

Pierre LOISEL est ce qu'on appelle communément un prospecteur. Il prospecte, prospecte et prospecte encore.
Il essaie de convaincre le maire et le secrétaire de mairie d'une très petite commune de la banlieue Havraise, Cauville sur Mer, de remplacer les vieux meubles en bois de la mairie par de l'élégant et rationnel mobilier métallique.
« Votre proposition nous convient parfaitement mais il faut que cet achat soit validé par le conseil municipal lui explique-t-on et le lendemain de la réunion Pierre LOISEL vient demander quelle est la réponse.
Elle est favorable.
Enchanté notre jeune homme entend le secrétaire de mairie, Ferdinand COLBOC lui annoncer avec son savoureux accent Cauchois. « Petit tu vas être content, l'affaire est faite. Imagine-toi que les conseillers se sont presque disputé hier pour acquérir à titre personnel nos vieux meubles »
Pierre demande au secrétaire de lui signer la commande et notre brave homme lui répond « Petit, reviens demain en début d'après-midi, le maire sera présent et il sera heureux de parapher lui-même ton bon de commande.
Pierre visite encore quelques prospects sur le chemin du retour et n'arrête de se réjouir.
L'affaire est faite, c'est incontestable puisque les membres du conseil municipal se sont chamaillés pour s'approprier vieux bureaux et vieilles chaises.
L'affaire est faite, c'est incontestable, le maire aurait donné son accord écrit ce jour s'il avait été présent, ce sera chose faite demain, la chose est sûre.
Pierre ne sait pas encore qu'il n'y a que deux sortes d'affaires, celles qui sont signées ... et les autres, (qu'il ne faut jamais vendre la peau de l'ouest avant de l'avoir tué) et que seule la loi des grands nombres garantit le salaire du vendeur.

Toute la soirée il savoure son bonheur... et décide d'investir sa future commission. Le lendemain matin, en début d'après-midi, il se rend à la mairie, sourire aux lèvres afin d'officialiser cette vente.

Las! Fernand COLBOC, le secrétaire lui serre la main, l'œil sinistre « j'ai une mauvaise nouvelle.
- ?
- Nous avons reçu ce matin même la facture définitive des travaux effectués sur le clocher de l'église qui est bien communal.
Son montant dépasse très sensiblement le devis initial.
Les travaux ont été plus conséquents que prévus et nous ne pouvons pas refuser de payer, l'artisan qui a effectué le travail est le deuxième adjoint de la commune.
Rassurez- vous, cette affaire n'est pas perdue, à notre prochain budget votre commande sera honorée, car nous avons besoin de cet équipement qui nous convient parfaitement et votre prestation a été excellente. (du coup, il le vouvoie !)
Les bonnes paroles de monsieur COLBOC ne diminuent pas l'énorme déception de Pierre Cette vente était pourtant assurée, certaine.
Non, Pierre, il n'y a que deux sortes d'affaires. Il y a celles qui sont signées et les autres.
Et celle-là… faisait partie des autres.

4 - PRETER POUR MIEUX VENDRE

L'essai

José LOPEZ vend des caisses enregistreuses dans les petits commerces, épiceries, boucheries, charcuteries de quartier.

De nouvelles machines viennent de sortir et José a obtenu l'autorisation du responsable des établissements LEVAILLER, dans les hauteurs Havraises de leur laisser une telle machine en démonstration une journée durant.

« Cet appareil nous serait fort utile, monsieur Lopez, mais nos finances ne nous permettent pas d'envisager son achat avant un an. Vous ne vendrez pas dans l'immédiat mais vous préparerez peut-être une vente future.

Le lendemain, à l'heure prévue, il entre chez LEVAILLER et s'approche de sa machine pour la débrancher et la rentrer en atelier au Havre.
« Que faites- vous monsieur ? »
Pierre regarde Monsieur LEVAILLER surpris.
- La machine était prévue en essai pour cette journée uniquement selon votre désir.
- Il n'en est pas question.
- Pardon ?
- Cet appareil reste ici ! »
Pierre ne comprend pas.
« Nous en avons trop besoin. Elle va nous rendre de très précieux services. Je vous demande de nous accorder des facilités de paiement et vous ne reprendrez cette machine que lorsque vous nous aurez livré la neuve »

Pierre est stupéfait
« Heureusement que j'ai mis cet appareil en prêt alors qu'il n'y avait aucun espoir dans l'immédiat ».

A défaut d'amour, souvent, la vente est dans le prêt.

5 POSER TOUTES LES QUESTIONS

L'aspirateur

Jacqueline BOTTEREAU, une accorte et solide Vendéenne est démarchée par Vincent BRETECHEAU, non moins authentique Vendéen.
Son mari, ses enfants et elle résident dans une petite commune tout à fait à l'extrémité sud de la Vendée.
Vincent BRETECHEAU a obtenu de cette dame de lui faire une démonstration d'aspirateur, sans engagement, et la démonstration est indispensable pour espérer vendre.
Démontrer permet de présenter les avantages du matériel, convaincre, enthousiasmer et une fois sur deux ou sur trois, selon les capacités du commercial, de traiter l'affaire.

Vincent a sorti de sa voiture un sac contenant de la sciure, un autre des cendres et le troisième de la suie.
Il parsème allègrement le sol du séjour et des trois chambres de la maison de toutes ces choses.
Avec un grand sourire il demande « cela ne peut pas être plus sale n'est-ce pas ?
- Oh! non » réponds la brave dame quelque peu épouvantée.
« Maintenant où puis je brancher mon aspirateur ? »
Elle ne comprend pas.
« Ou puis je trouver une prise électrique pour y introduire celle de mon appareil et vous montrer comment dans un temps record, je vais nettoyer tout cela.
- Une prise électrique ?
Oui, madame BOTTEREAU.
Mais ici, nous n'aurons pas l'électricité avant un an, peut-être plus. »

6 – BOUGER SES FESSES

Le siège de Franck

Franck est vendeur dans une société spécialisée dans la fourniture de matériels pour les laboratoires.

Son activité consiste à prospecter, à démontrer, à vendre et à installer ses produits, qui vont du matériel, comme des microscopes ou binoculaires aux fournitures comme les pipettes et autres boites de Pétri.

Franck a décidé aujourd'hui d'aller voir l'intendant de sa société pour faire renouveler le siège de son bureau car il trouve qu'il est « défoncé » et hors d'âge. Pour lui c'est une chose acquise car ce siège est vraiment dans un état déplorable.

Alors qu'il fait sa demande auprès de l'intendant, il est donc fort surpris lorsque celui-ci lui refuse d'accéder à sa demande au motif que ce n'est pas normal que son siège de bureau soit défoncé.

Son argument est le suivant : Etant donné que Franck est prospecteur et doit donc passer le maximum de temps à l'extérieur de l'entreprise, chez ses clients, son siège de bureau devrait être moins « défoncé » que celui de sa voiture.

Donc si son siège de bureau est défoncé, c'est bien la preuve que son organisation n'est pas la bonne en terme de présence chez les clients. Donc tant que son siège de voiture ne serait pas plus défoncé que son siège de bureau, il n'y aurait pas de renouvellement.

Franck est sorti du bureau fort dépité. Il voulait aussi parler de la climatisation qui manquait.

En tant que vendeur, il a décidé de préparer mieux son argumentaire...

7 - LAISSER LA CRISE AUX AUTRES

La crise

Luc STIEVENARD connait François depuis 20 ans.
Il est intervenant chevronné et conseil commercial, en l'occurrence auprès de « Utilitaires/Occasions », société fondée il y a 40 ans par Marcel BOCHARD.
François est un vendeur de 35 ans que Luc voit tous les mois.
Ce jour- là, il trouve que son élève a une mine très morose.
« Cela ne va pas comme tu veux François ?
- Oh ! C'est la catastrophe ;
- ?
Tu le sais bien Luc, c'est la crise et c'est général, tout le monde le dit.
Jusqu'alors cela avait à peu près été, mais ce mois-ci c'est affreux, le chiffre d'affaires est au plus bas.
J'en ai parlé aux confrères, c'est la même chose pour tout le monde, on est tous logés à la même enseigne, c'est la crise et c'est général ».

Alors Luc dit à François
« Tu as toujours bien sûr, ton fichier client ?
- Evidemment.
- Tu arrives ici à 8 heures 30 le matin ?
- Oui.
Demain, je serai dans vos murs à 8 heures 30 et je vais devant toi procéder à une prospection téléphonique, en visant particulièrement les affaires sises dans la zone industrielle. »

Luc a tenu le raisonnement suivant : « Luc est victime de l'intoxication générée par ceux dont les affaires vont mal et par ceux qui veulent que les affaires de leurs concurrents aillent mal en leur détruisant le moral.
Il faut que je rétablisse la situation et lui permette de repartir sur des bases saines, c'est à dire celles d'une activité de prospection soutenue.
Avec 3 ou 4 rendez-vous le moral va remonter et le vendeur va reprendre confiance. »

Le lundi suivant, François appelle Luc.
« Ecoute, suite à ta venue j'ai appelé quelques prospects et obtenu des rendez-vous.
Et puis, nous avons de nouveau des appels entrants et des visites alors que c'était le calme plat.
C'est super, tout va mieux et même très bien ».

Quelques jours plus tard, Luc téléphone à François
« J'ai de tristes nouvelles François. Il y a la crise, c'est très mauvais, et c'est général, tout le monde le dit.
- Tu me téléphones uniquement pour te moquer de moi ?
- Oui ! »

Il ne manquait plus que la CRISE sur le gâteau !

8 - DESTRESSER PAR L'HUMOUR

Le bon temps

Lors d'une discussion de famille, Pierre a entendu sa sœur commerçante se plaindre des affaires en disant qu'il y a 10 ans c'était quand même autre chose. C'était le bon temps.

Or 10 ans plus tôt, au même repas de famille, Pierre avait entendu cette même sœur dire exactement la même chose.

Et 20 ans avant, cette même remarque avait aussi été faite.

Donc cette année, Pierre a décidé de dire à sa sœur qu'au lieu de se plaindre, elle ferait mieux de profiter de l'instant présent car le bon temps de dans 10 ans, c'est aujourd'hui.

Et toc.

9 - NE PAS SE TROMPER DE CIBLE

La réponse

Ce commercial, dont les résultats ne sont pas fameux, explique à son chef de vente.
« Monsieur, si personne n'ose vous dire la vérité. Je vais le faire, si vous le permettez.
- Je vous écoute.
Monsieur, notre société est une très bonne maison.
Nos produits sont excellents, c'est incontestable.
Mais voyons les choses en face, nous sommes trop chers et parfois beaucoup trop chers.
Nos concurrents se régalent en proposant des tarifs beaucoup plus raisonnables et il n'y a rien à faire contre cela.
D'autre part notre gamme est solide, mais il nous faudrait des nouveautés.
Nos secteurs sont trop limités. Il en faudrait de plus vastes pour pouvoir trouver des clients qui achètent à nos prix.
Je me bats, je me bats, je fais le maximum et peut- être même plus, mais à l'impossible nul n'est tenu.
Et en outre, je me permets de vous faire remarquer que nos frais de route ne sont pas assez élevés ».
Le chef de vente, d'une voix paisible lui rétorqua simplement :
« Et à part ça, qu'est qui vous empêche de faire votre travail ? »

Comme dit le dicton :
Qui ne veut rien faire cherche une excuse,
Qui veut faire quelque chose trouve un moyen.

10 - CHOISIR SON ENTREE

Le blanc

Alain, jeune commercial, nouveau dans sa société, nouveau sur le secteur de la Marne, a remarqué dans la région de Vitry-Le-François, sur une petite route, une grande usine.
« C'est l'usine de blanc », lui a-t-on dit au restaurant.
Il décide donc de s'y arrêter et de faire de la prospection physique.
La cour extérieure est vaste et au fond, on aperçoit l'entrée. Quant au sol il est couvert de blanc.
Ne me demandez pas ce qu'est le blanc, mes connaissances chimiques sont vraiment inexistantes.
Alain avance précautionneusement, dans l'étroit passage, choisissant l'endroit où il met les pieds, pour ne pas tâcher ses chaussures (le blanc ça tache), car cela ferait mauvaise impression.
La tâche est délicate à ce point qu'il trébuche, perd l'équilibre, s'effondre par terre et se relève blanc des pieds à la tête et personne ne pourrait deviner que noire était la couleur de son attaché case.

Du premier étage il a été aperçu et un large gaillard ainsi qu'une solide laborantine, font leur apparition, cachant avec difficulté leur hilarité.
Alain s'est relevé bien sûr, et il explique « je venais pour contacter la direction et proposer mes produits.
- Mais monsieur, vous êtes dans la cour ici.
La grande entrée et nos bureaux se trouvent de l'autre côté du bâtiment, il vous fallait rouler 50 mètres de plus et tourner à gauche ».

Alain venait de découvrir que la découverte commence parfois avant d'entrer chez le client.

11 - TRANSFORMER UN DEFAUT EN QUALITE

Le blanc (suite)

Alain ne s'est pas montré très futé pour son entrée, mais en fait, il est très futé.
Il sait que l'atout majeur de l'excellent commercial consiste à transformer un inconvénient, un avatar ou un handicap en atout.
Il reprend contact avec l'usine de blanc, mais cette fois téléphoniquement.
Il n'envisage pas d'abandonner la prospection de cette affaire -pour cause de honte et au lieu de cacher sa mésaventure il explique à la jeune femme qu'il est celui qui a plongé... dans la mer de blanc !

Elle est au courant. Tout le monde est au courant dans l'usine.
Elle apprécie la franchise et l'humour avec lesquels Alain conte sa mésaventure et bien qu'elle soit tenue à dresser un solide barrage (laissez-nous une documentation et nous vous recontacterons), amusée et charmée par tant d'honnêteté et d'humour, elle s'emploie à obtenir un rendez- vous avec le responsable.

Alain sera très bien accueilli, ce monsieur rira aussi de bon cœur en discutant avec lui et en commentant son erreur de localisation.
Alain prendra une petite commande qui sera la première d'une longue série de commandes... plus importantes.
Alain a transformé l'avatar en vecteur de réussite.

Finalement le blanc n'a pas fait de lui un chat noir.

12 - SAVOIR DOSER SES PROPOS

Nathalie

Aujourd'hui, l'équipe de vente est réunie en présence du directeur commercial des ventes, Alain MAURIE, pour participer à un stage animé par un intervenant, Etienne MONTGOLFIER, qui fait autorité en la matière.
En début d'après-midi, il traite de la conduite à suivre en cas de litige et en particulier si le client s'estime mal servi ou lésé.
Souplesse, psychologie, empathie, tact... et efficacité.
« Il faut savoir faire preuve de diplomatie, de souplesse, explique l'animateur et quelquefois, si besoin est, avoir un peu tort alors que l'on a raison ».
Nathalie s'insurge : « Ah! Non Monsieur certainement pas !
- ?
- Monsieur MONTGOLFIER je suis une femme honnête et attachée à l'entreprise, mais mon optique est simple, claire et sans équivoque. Si j'ai promis un délai de livraison qui n'a pas été respecté ou pas validée la remise convenue ou pour toute autre raison qui a causé du tort à mon client, je m'excuse de façon parfaitement honnête et je corrige l'erreur. Si j'ai tort, j'ai tort.
Mais si les assertions du client sont erronées, fallacieuses ou mensongères et que je suis mon bon droit, je mets les choses au point.
Je lui démontre poliment, aimablement mais fermement (avec gentillesse et charme) que ce qu'il dit est faux. Si j'ai raison, j'ai raison.
Cela est arrivé encore hier et je m'y suis prise de telle sorte qu'il a dû reconnaître que nous sommes dans notre bon droit et il n'était nullement fâché.
- Et voilà un client de perdu » commente Alain MAURIE.

« Quand tout est fait dans les normes et qu'on n'a rien à se reprocher, en médecine, on dit que le patient est mort guéri.
Certes il est guéri... mais il est mort »
Et on a vu parfois des clients morts pour son fournisseur mais bien vivant pour enrichir le concurrent.

Il ne faut pas se faire suivre par un médecin, quand c'est un médecin légiste !

13 - TROUVER LE VRAI BESOIN

L'étiquette

En ce temps-là, on ne photocopiait pas, on dupliquait.

La machine est lourde (55 kilos), protégée par une épaisse housse de protection, avec une anse de chaque côté.
Les deux jeunes vendeurs ont posé l'appareil sur un bureau avant de le débarrasser de sa housse et de le préparer à fonctionner.
Lorsqu'ils sont prêts, madame CHAPUIS et son assistante viennent assister à la démonstration.

Le vendeur place un stencil (cela existait), tire une circulaire classique, puis introduit un stencil en tête de lettre pré imprimée et sort des imprimés de très bonne qualité.
Puis il répète la même opération avec un stencil enveloppe.
Il a tendu un exemplaire à chaque tirage aux deux dames afin qu'elles puissent en apprécier l'étonnante qualité.

Madame CHAPUIS regarde les documents et dit : « jeune homme, quel bel appareil, quel beau travail et quelle superbe démonstration.
Si j'en avais quelque peu besoin je vous l'achèterais sur le champ.
Mais nous ne tirons aucune circulaire et nous n'avons besoin que d'un millier d'en-têtes et autant d'enveloppes que notre excellent imprimeur local se fait un plaisir de nous fournir.
Mais mes compliments messieurs. Cette démonstration était magnifique ».

Très déçu par la conclusion de l'entretien, le deuxième vendeur fait le tour de la pièce pendant que son collègue remballe le matériel.
Sur une vieille cheminée, se trouve une étiquette d'expédition.
Pris d'une illumination, il se dirige vers le bureau et frappe.

« - Excusez-moi Madame CHAPUIS. Vous n'avez peut-être pas besoin d'en tête de lettres mais vous avez peut-être un problème d'étiquettes avec données fixes et variables ? »

Madame CHAPUIS est surprise par la question.
« - En effet, sur nos étiquettes imprimées aux armes de notre raison sociale nous devons repiquer à la main l'origine du produit, son tonnage et son lieu de livraison.
Pourquoi me posez-vous cette question ? Votre machine pourrait-elle faire quelque chose pour améliorer cela ?
- Oui, madame et je vais vous le montrer. »

Et allez hop, redéballage et nouvelle démonstration.

Madame CHAPUIS est silencieuse.
« Combien vaut cette machine ? »
Il lui répond.
« Pour un paiement comptant vous m'accorderez bien un escompte ?
- Oui, madame, 2%
- 3% ?
- d'accord !
- Amélie, rédigez un chèque pour ces messieurs, je vais le signer tout de suite et vous, livrez nous le plus vite possible ».

Ainsi fut fait.

La réussite était au rendez-vous, mais que l'échec est passé près !

14 - TIRER LES LECONS

L'étiquette (suite)

« - Quelle magnifique affaire » s'exclame son collègue alors qu'ils regagnent leur véhicule en ramenant le matériel de démonstration.
« - Elle n'en voulait pas et elle a acheté notre modèle haut de gamme immédiatement et plein pot en plus !
Monsieur, je ne veux pas vous flatter, mais vous avez été extraordinaire
- Pas du tout, et c'est même l'inverse.
- Nous avons été mauvais du début à la fin, dans cette affaire.
Nous avons obtenu une démonstration sans aucune découverte préalable des besoins du prospect.
En confiance j'ai démarré la démonstration et moi non plus je n'ai pas appréhendé la phase connaître... et je suis chef de vente...

Vous me trouvez extraordinaire mais il a fallu que par le plus grand des hasards j'aperçoive cette étiquette sur la cheminée pour que je fasse mon métier rationnellement et convenablement.
Ce n'était pourtant pas compliqué d'imaginer que des producteurs d'ail ont un problème de données fixes et variables sur leurs étiquettes.
Nous avons failli partir sur un monumental fiasco.
J'ai honte d'avoir été aussi peu professionnel ».

En rentrant au bureau, le vendeur fit beaucoup rire ses confrères en leur contant l'affaire des étiquettes, mimant la dame les mettant pratiquement dehors et un court moment après leur signant un chèque.
« Et vous vous rendez compte, elle nous a même reproché d'avoir causé du tort à sa firme depuis 30 ans parce que nous n'étions pas venu la voir plus tôt !
Et tous de se gausser.
Les faisant taire, le chef des ventes leur dit alors :
« - Ce n'est pas drôle du tout. Au contraire, c'est pathétique.
Finalement, nous avons causé du tort à cette société en la privant des avantages que nous offrons.
Il n'y a pas de quoi rire et nous allons dare-dare recenser les autres producteurs d'ail et les prospecter illico ».

15 - TRAVAILLER LA RECOMMANDATION POUR ALLER PLUS VITE (PLUS LOIN, PLUS FORT)

L'annuaire papier

Soizig et Erwann LE BIHAN sont de très vieille souche Bretonne.
Bretons certes, mais ils sont nés à Valenciennes et ont grandi à Valenciennes.
Depuis la maternelle jusqu'au BTS ils ont fait leur scolarité et leurs études à Valenciennes.
Tous leurs amis vivent dans cette agglomération.
Après mûre réflexion, ils décident d'ouvrir une crêperie et restaurant Bretons dans un quartier un peu excentré de la ville (leurs moyens ne leur permettant pas de s'installer en plein centre).
Tous deux ont appris pendant leurs vacances bretonnes à cuisiner d'authentiques et délicieuses crêpes et galettes, de succulents Kig ar farz, de l'authentique far Breton et ont un très bon fournisseur en andouille de Guémené.

Tout est prêt. Il ne reste plus qu'à se faire connaître et leurs locaux, répétons-le, sont sis dans un coin perdu de l'agglomération.

« Comment allez-vous faire ? leur demande le banquier ?
- Nous allons utiliser les pages blanches de l'annuaire papier ?
- Mais c'est complètement démodé. Nous sommes à l'ère d'internet.
- Laissez-nous faire car nous avons notre idée. »

Aidé par leurs parents, ils rédigent un courrier annonçant l'ouverture du restaurant breton et ils l'envoient, sous enveloppe timbrée, (il faut quand même investir un minimum), sous le patronyme personnel de tous les Valenciennois et banlieusards dont la consonance est Bretonne et qu'ils ont identifié sur les pages blanches de l'annuaire.
Cavarec – Dantec - Ducouédic – Gall – Guéguen - Guyader - Guiomarc'h – Guivarch – Jaouen – Jossic - Le Bris - Le Cam - Le Deunff - Lediraison – Lefloch - Le Gall – Lossouarn – Loussouarn - Le queffrinec – Moal – Pichodon - Quenech Du - Quiger- Quéguiner - Tanguy …etc.

Et les clients sont venus.

Ils sont venus pour se rendre compte, prêts à critiquer et à s'indigner si les plats servis les déçoivent un tant soit peu, trahissent leurs origines, leurs souvenirs ou leur culture.
Mais ce n'est pas le cas car tout est excellent. Excellents aussi, l'accueil, le service et les prix qui sont raisonnables.
La vraie communication la voilà. Une communication ciblée puis un bouche à oreille efficace. Ils communiquent à tous leurs amis Bretons et autres leur enthousiasme... et le stationnement devient moins aisé à l'approche du restaurant !

16 - ETRE A LA HAUTEUR DE SES PROMESSES

L'annuaire papier (suite)

Aurélien LEMERCIER a mangé chez les LE BIHAN et ils lui ont expliqué le lancement de leur restaurant breton, avec ciblage des noms à consonance bretonne.

Aurélien a séjourné trois ans à Strasbourg et il lui sera aisé pense-t-il de pénétrer rapidement les secrets de la choucroute Alsacienne et de s'approvisionner en charcuteries et pâtisseries de ce terroir.

Il s'installe donc au Mans et parvient à financer la location d'un local en plein centre-ville.
Tout va donc pour le mieux.

Il suffit de suivre la recette de l'annuaire et d'envoyer un courrier personnalisé à tous les Manceaux dont le patronyme a une consonance de l'est.
Arnold - Bauer- Baumann – Dietrich - Fischer – Hartmann – Heinrich – Hoffmann – Kieffer - KLEIN- Kuhn – Lehmann – Mayer – Meier – Metzger – Muller – Schmitt – Schneider - Schoffelberger - Weber – Wendling – Wermelinger - ZIMMERMANN …etc.

Là aussi, ils sont venus, ils sont tous là. Ils sont venus une fois mais ils, ne reviennent pas et pire, ils déconseillent l'adresse à leurs amis.
La choucroute est jugée comme n'étant pas une vraie choucroute alsacienne, en outre peu copieuse, les pâtisseries mièvres, l'accueil médiocre et le service long.
Le bouche à oreille fonctionne, mais dans le mauvais sens.
Liquidation est prononcée avant le terme de la première année.

Aucune réussite commerciale durable ne peut exister et perdurer sans que la qualité du produit ou du service soit de tout premier ordre.
Pour l'avoir oublié LEMERCIER fut (LE) remercié.

17 - TROUVER LE BON CHEMIN (ET UTILISER LES BONS MOYENS)

La clef

Alexandre HERVOUET a décidé de s'exprimer franchement, de dire la vérité à son chef de vente, Vincent BRESSUREAU.
Alexandre a été embauché trois mois auparavant par la société Vendéenne PADIOLEAU qui commercialise des fournitures de menuiserie auprès des artisans du bâtiment.
« Monsieur PADIOLEAU insiste beaucoup sur le fait que dans notre branche la prospection ne suffit pas et qu'il faut la faire précéder par la prescription.
- Absolument. Il faut que les architectes prescrivent les produits pour que les artisans passent commande.
- Pour cela il faut visiter les architectes ?
- Bien sûr.
Mais prendre un rendez-vous avec un architecte est mission quasi impossible.
- Pourquoi ?
Sauf exception, l'assistante de l'architecte dresse un barrage « béton ».. La vieille ritournelle « Envoyez-nous une documentation et nous reprendrons contact avec vous. »
On ne passe pas. Rien à faire.
- Rien à faire ?
- Non monsieur, j'ai tout essayé, mais le résultat est toujours le même. Barrage infranchissable.
- Vous voulez des rendez- vous avec des architectes en priorité sur quelle partie de votre secteur ?
Nantes est proche et le marché est énorme... quand on peut y entrer. Et c'est rarissime.
- Nantes ?
- Oui, Nantes d'abord et sa banlieue ensuite.
- Voulez- vous aller quérir au secrétariat l'annuaire papier, pages jaunes de Loire-Atlantique ?
L'annuaire papier? Pardonnez- moi monsieur, mais c'est complètement démodé. Aujourd'hui on ne travaille plus que sur internet.

Merci pour l'information, mais si c'est le cas, dîtes moi pourquoi y trouve-t-on tant de publicités dont les tarifs sont particulièrement onéreux ? »
De mauvaise grâce notre ami va chercher l'annuaire et Vincent BRESSUREAU l'ouvre à la page « architectes » et silencieusement examine son contenu.
« Vous êtes bloqué par le barrage des secrétaires ?
- Oui monsieur.
- Vous avez raison monsieur HERVOUET, il faut vivre avec son temps.
Aujourd'hui de plus en plus de chefs de petites sociétés, des artisans et des membres de professions libérales affichent leur numéro de portable pour qu'un client éventuel puisse les joindre personnellement, pratiquement n'importe où, n'importe quand... et à un commercial avisé de les mettre sur une piste intéressante.
Ils l'affichent et en particulier sur l'annuaire papier que vous trouvez obsolète. En environ 3 minutes je viens d'identifier 32 architectes Nantais et non des moindres qui annoncent leur numéro de portable, que l'on peut donc contacter directement et je vous laisse le soin de faire la même recherche avec les architectes de la banlieue Nantaise.
A partir du moment où vous avez le décideur en ligne, êtes- vous à même de prendre un rendez- vous ?
- Mais oui monsieur...
- Voulez- vous que je vous montre ?
- Oh non monsieur, comme cela, je vais sûrement y arriver.
Alors tout va bien et voyez-vous monsieur BRECHETEAU, je vous le dis en toute amitié, dans notre métier il faut avoir l'esprit vif, curieux et entreprenant, ne pas rester sur les idées reçues et se tenir au courant... par exemple de la lisibilité... des pages jaunes papier.

Etre et rester à la page est un fondamental pour qui veut faire du commerce son métier !

18 - BALADER LA CONCURRENCE

Ecoute petit...

« Ecoute petit, tu as 23 ans, tu es tout jeune, tout frais et tout neuf dans le métier. C'est très sympathique et très prometteur, mais permets à un vieux « crapahuteur » de la vente, de t'apprendre des choses qu'il est bon que tu saches.
Tu es très jeune, soit, mais il est inutile de donner des bâtons pour te faire battre.
Il y a ici, à Rouen, trois commerciaux de notre concurrence, (peut-être davantage) authentiques fainéants et en particulier allergiques à la prospection.
Ils tiennent minutieusement à jour la liste des véhicules de leurs confrères, avec la marque, la couleur, et le numéro minéralogique.

Au lieu de prospecter pour prendre des rendez-vous, ils préfèrent se promener pour identifier les voitures des confrères à l'arrêt devant la porte d'un prospect ou d'un client et téléphoner un peu plus tard pour programmer un rendez-vous.
Avec une visite bien menée et une bonne remise, ils tirent les marrons du feu.
Ces individus sont généralement aussi peu talentueux que vaillants, la remise est leur seul argument, (tant que leur firme peut le supporter).
Il est inutile de se laisser polluer par ces parasites.

Ce qu'il faut faire est très simple. Stationner toujours ta voiture, si possible devant une société, 200 ou 300 mètres plus loin, quitte à porter ton matériel (si démonstration il y a) sur 200 ou 300 mètres.
Ils pourront toujours chercher où tu te trouves.
Cela les occupera...
… et tu vendras en solitaire, avec une belle marge ! »

19 - CULTIVER LA DISCRETION

Ecoute petit (la discrétion).

« Je suis passé devant ton véhicule. Ton matériel est visible, ta documentation largement étalée.
C'est presque une provocation !
Investis dans l'acquisition d'un plaid et recouvre moi tout cela.
Il ne faut nullement craindre les concurrents, mais il ne faut pas les attirer.

Je peux te raconter encore que la semaine dernière j'ai remarqué un quadragénaire, manifestement commercial, qui examinait le bloc fixé sur le tableau de bord d'une auto.
Je le vis, tout en surveillant les environs, prendre rapidement et discrètement des notes, et puis il s'éloigna, ayant sorti son portable et manifestement donnant des instructions.
Lorsqu'il ne fut plus visible, j'allais visionner moi-même la chose.
Imagine toi qu'étaient répertoriés sur ce mémo, tous les rendez-vous de ce vendeur pour les trois derniers jours de la semaine, avec l'heure du rendez- vous, la raison sociale de l'entreprise, le patronyme de l'interlocuteur et parfois même son numéro de poste ou de portable.

Je comprends la réaction de son concurrent qui passait par là.
Il ne fait sûrement pas partie des petits bonshommes dont je t'ai parlé, mais Tristan Bernard disait « **qu'il résistait à tout sauf à la tentation** » et manifestement ce monsieur était dans le même cas.

Je peux te raconter encore cette anecdote qui m'a été contée par un de mes amis, directeur commercial dans une compagnie d'assurances vie et qui animait une réunion dans le cadre de l'équipe de la région du Puy.
L'un des commerciaux se plaint vivement de la concurrence intense sur son secteur.
« - Ecoutez monsieur, pratiquement à chacun de mes rendez-vous, j'ai un concurrent « sur le coup », c'est impensable.
- Cela me paraît pensable » lui fut- il répondu.

« Ce Dodge devant la porte est bien le vôtre et vous allez toujours en clientèle vêtu de cette magnifique veste rouge aux non moins magnifiques gros boutons dorés étincelants ?
- Souvent monsieur.
Voilà l'explication ».

« Ecoute petit, n'aies pas peur des autres, mais aies du bon sens, de la discrétion, de la discrétion, du bon sens. »

… pour vivre heureux… !

20 - SOIGNER TOUS LES DETAILS

L'odeur

Jean, intervenant Nantais mène une action de recrutement à Dijon pour un client spécialisé dans la location de vêtements de travail.
Il a loué un bureau dans un centre d'affaires et son troisième candidat est un athlétique quadragénaire, portant beau, et vêtu d'un superbe complet trois pièces et au CV impressionnant.

Au bout de quelques minutes Jean se dit, c'est bizarre, je trouve que cela sent vraiment mauvais ici, je ne l'avais pas remarqué avant.

La sensation perdure.
« J'hallucine. Cela ne peut quand même pas émaner de cet élégant candidat. »
Afin d'évacuer ce doute il s'excuse de s'absenter un très court instant et va demander à la jeune femme de la réception si elle a remarqué quelque chose de particulier lorsqu'elle a reçu le candidat à son arrivée.
Elle répond instantanément « Oui monsieur, il sent très mauvais. Je m'en suis rendu compte tout de suite ».

Deux ans plus tard le même Jean recrute du personnel chez un de ses fidèles clients
Bis repetita placent (ou non placent), Jean est incommodé par une forte odeur délétère.
Il pousse la porte du bureau dans lequel il se trouve et demande à la directrice administrative de venir pour lui apporter un dossier important. Il lui demanda ensuite si elle avait perçu quelque chose.
Le verdict fut sans appel. Le candidat sentait très mauvais.
L'analyse qu'on en fit fut la suivante: Si d'une personne émane une odeur très désagréable, on peut envisager deux hypothèses.
- Ou bien elle est malade et il faut qu'elle se fasse soigner et éventuellement qu'un de ses proches l'y engage, s'il ne se rend pas compte.
- Ou bien, il ne se lave pas, ce qui est ennuyeux.

On dit souvent que l'argent n'a pas d'odeur. C'est souvent vrai. Cela doit aussi être vrai pour le vendeur.

21 - AVOIR UNE GRANDE OUVERTURE D'ESPRIT

L'éboueur

Lors d'un recrutement pour un poste commercial à Dijon, Jean reçoit une candidate.
L'entretien est intéressant, les réactions de la jeune femme sont spontanées et intelligentes.

Un recruteur aime souvent, sans se montrer indiscret, situer dans quel contexte personnel vit la personne qui est en face de lui.
Sur le C. V. Il est indiqué que cette personne est maman d'une petite fille âgée de deux ans.
« Votre mari est peut-être commercial lui aussi ?
- Non, il est éboueur. »

Jean est quelque peu surpris et cela doit se remarquer car elle réagit.
« Monsieur il a   le BTS   D'hôtellerie « et elle enchaine immédiatement « Il faut qu'il continue.
Il gagne 1400 euros net, Il commence son travail à 2 heures du matin, rentre à 9 heures se reposer et puis va chercher notre fille à la crèche et s'occupe d'elle.
Il faut qu'il continue. »

Jean est impressionné par son bon sens et sa fougue.
« Cette petite est saine » se dit- il et il la sélectionne pour la « short list ». (Elle sera embauchée et donnera toute satisfaction).

Le surlendemain Jean se trouve à Brest face à des clients.
A midi ils déjeunent ensemble avec Laurence, une informaticienne de l'équipe.
Jean raconte l'anecdote et Laurence s'indigne.
« Et   bien, moi je ne voudrais pas.
Mon mari a lui aussi un BTS d'hôtellerie mais je ne comprendrais pas qu'il ait fait ces études et qu'il soit éboueur.
Et puis dîtes, je ne voudrais pas être la femme d'un éboueur quand même ! ».

Jean fut très choqué par cette déclaration « on m'a appris tout petit qu'il n'y a pas de sot métier »

Jean pensa plaisamment « si Laurence s'était présentée à un poste de commerciale, je ne l'aurais pas sélectionnée.

Et pourtant on entend parfois « ce soir je serai la « poubelle », pour aller danser, danser !... »

22 - ACCUEILLIR SANS JUGER (NI CONDAMNER)

La rue Crébillon

La rue Crébillon est la rue la plus chic de Nantes.
Nantaises (et Nantais) aiment « Crébillonner », c'est-à-dire, monter de la place Royale à la place Graslin, en faisant du lèche vitrines devant tous ces magnifiques commerces, du lèche-vitrine et souvent pas davantage, car les articles exposés sont chers... voire très chers.

Une jeune dermatologue de Vannes (en Morbihan), a programmé un samedi baignade et bon repas avec une de ses consœurs à Pornic.
Avant de partir, elle décide d'aller faire les magasins rue Crébillon.
Elle s'est vêtue d'une »petite robe de plage ».
Elle remarque, exposé en devanture d'un magasin, un ensemble qui paraît devoir lui convenir.
Elle entre.

Une vendeuse s'avance vers elle. Elle ne sourit pas mais affiche un genre de rictus de mépris. Elle lui demande « Vous êtes sûre, madame, que vous ne vous êtes pas trompée de magasin ? »
Interloquée, la toubib en a le souffle coupé. Elle sort du magasin, sans mot dire.
Cette jeune dermatologue avait déjà une jolie patientèle et ses moyens financiers pouvaient lui permettre largement de s'habiller rue Crébillon.

L'anecdote fit le tour de Vannes...
Mais le business ne vint pas rue Crébillon !

23 - SOIGNER LES DETAILS 2

Le pull

Olivier est le sympathique commercial d'Orléans Utilitaires (O.U.), affaire spécialisée dans la vente d'utilitaires d'occasion et située route de Paris.
Olivier a fait ses débuts à O. U. Dans le cadre des deux ans d'un BTS en alternance et puis on l'a gardé dans la société car il donnait satisfaction.

Six ans plus tard, Olivier est un élément travailleur, de bonne volonté et compétent dans le domaine de la vente automobile.

Aujourd'hui, Olivier rencontre Luc BERLAND, un électricien de sa connaissance qui souhaite acheter un break d'occasion.

Point important pour cette histoire : Olivier est certes, sympathique, compétent et dévoué mais sa « mise » n'est pas toujours soignée.

Notre électricien est venu avec son épouse, pour valider la décision, car elle aura à se servir du véhicule.

Olivier refait la présentation du modèle et BERLAND s'apprête à donner son accord quand sa femme lui fait discrètement signe qu'elle n'est pas partie prenante.
« Nous allons revenir » explique-t-il sans comprendre. Une fois dehors il fait part à son épouse de son incompréhension.
« Ecoute, chérie, je ne comprends pas. Cette voiture a peu de kilomètres, le moteur tourne comme une horloge et le prix est vraiment très avantageux.
« Oui, mais il a de grosses tâches sur son pull.
- Cela ne change rien à l'intérêt de l'acquisition.
- Si, parce que je n'ai pas confiance. »

Ce que femme veut, Dieu le veut et ce que femme ne veut pas, il est recommandé de ne pas vouloir le lui imposer.
BERLAND se résigne à reprendre ses visites de garages à la recherche de la perle rare en maudissant le vendeur.
« Si seulement il avait eu un pull propre... »

Vendeur pas soigné, commande pas signée.

24 - IMPLIQUER SON PROSPECT

17 minutes durant

Tous les soirs, des camions viennent charger les colis de consommables qui doivent être livrés le lendemain matin aux clients des 5 départements de la région que dirige Manuel LABIGNE.
Le commercial d'une firme nouvellement installée sur place a demandé un rendez- vous avec notre ami.
Il s'agit d'un jeune quadragénaire, bien mis, qui s'est assis en face de Manuel et qui commence à parler, parler, parler.
Manuel se rend compte très vite que cette diarrhée verbale n'est pas prête de s'arrêter - aucune découverte préalable, pas la moindre découverte ni de reformulation- et que ce verbiage ininterrompu le met dans une situation exceptionnelle.

En effet, dans son bureau, Manuel LABIGNE se trouve protégé du monde extérieur, comme dans une cellule monacale à Trappes, (mais de façon moins pieuse!), car aucun collaborateur ne viendra « déranger » le patron qui est en rendez- vous et aucune communication téléphonique ne lui sera passée (sauf cas d'extrême gravité).
Il profite donc de cet état quasi «monastique!» pour passer en revue tous ses problèmes actuels.
L'action de son adjoint chef de vente, l'état du chiffre de chacun de ses 12 commerciaux, l'activité des 11 techniciens, les problèmes soumis par le secrétariat et les actions à mener chez certains clients.
L'homme cause, cause toujours et 17 minutes (une horloge murale se trouve juste en face de Vincent), 17 minutes après le début de ce séminaire imprévu le commercial parle, parle, parle toujours et le directeur régional...n'a pas écouté un seul de ses propos...

Ca y est, le point est fait. Manuel LABIGNE met fin à cet état de grâce, se lève, va serrer la main du brave homme en le remerciant abondamment de toutes ces précieuses informations (« Je vais réfléchir bien sûr ») et, toujours affable et souriant, l'accompagne pour sortir du bureau, l'accompagne dans le couloir, toujours souriant lui ouvre la porte de sortie en le remerciant encore, serre la main le plus aimablement du monde à ce « commercial « archi nul »...qui part enchanté.
Qui reconnaît la musique (commerciale) n'écoute plus les paroles !

25 - AGIR AU LIEU D'ATTENDRE

Quand ça rigole

Xavier CALVEZ vient d'être nommé chef de vente à la succursale Tourangelle de sa société.
Il connait Frédéric HAUTVILLE qu'il a déjà rencontré au siège lors des réunions de commerciaux.

Ils sortent une première fois ensemble et Frédéric déclare à Xavier « mes résultats ne sont peut- être pas formidables, mais j'ai bien compris le système sur lequel repose le métier.
Il y a deux périodes dans la vente, quand ça rigole et quand ça ne rigole pas.
Quand ça rigole, tout est beau, tout est bon, les ventes tombent, c'est super.
Quand ça ne rigole pas, rien ne va, tu peux faire ce que tu veux, rien ne marche, rien ne se conclut.
Alors il n'y a qu'une solution.
- Prospecter ?
- Non, attendre que ça rigole de nouveau, bien sûr. »
Xavier CALVEZ ne tombe pas dans les pommes, car dans ce job il ne vaut mieux pas, mais « il y a du travail » se dit- il.

Faire le travail commercial sérieusement permet d'assurer les résultats qui font le bonheur des ventes réussies.

26 - SAVOIR REBONDIR

L'attente.

Ce formateur Nantais en techniques de vente a pris un rendez-vous avec le responsable d'une compagnie d'assurances privée, rue de Liège à Paris, un mardi à 9 heures du matin.
Il est monté dans le TGV de 6 heures du matin, ce qui lui permet d'être à l'heure au rendez-vous.

A 9H 25, soit 25 minutes après l'heure du RDV prévue, il fait toujours antichambre dans la salle d'attente.
25 minutes est son record absolu, car il a toujours affirmé à ses collègues que la vocation d'un commercial ne consiste pas à faire du sit-in prolongé, mais de bouger, être actif pour prendre des commandes.
Au bout de 3o minutes, il se lève pour se diriger vers la sortie. A ce moment une élégante quadragénaire, entre dans la pièce et déclare :
- « Monsieur du CHALANT DE LA MORINIERE est retardé, il va « vous falloir encore attendre monsieur.
Alors notre Nantais se lève et décide de partir, malgré les conséquences forcément négatives que cela va engendrer pour lui.

Perdu, pour perdu, il décide de son passage à Paris pour faire de la prospection dans les sociétés d'assurance de l'arrondissement.

Il saisit l'annuaire des pages jaunes, l'ouvre sur la rubrique finances et téléphone successivement à trois sociétés d'assurances. Il est l'objet d'un barrage à chaque fois.
il finit par appeler maintenant une mutuelle située dans le seizième.
Surprise... la standardiste lui passe le directeur commercial Yves de KERMALEC.

Avec simplicité et humour le vendeur lui conte sa mésaventure.
De KERMALEC rit.
« Eh ! Bien, venez donc à midi quinze si vous n'avez rien d'autre à faire, je vous invite à déjeuner ».
Ils ont mangé ensemble dans un bon petit restaurant du XVIeme arrondissement et à la fin du repas Monsieur DE KERMALEC lui a confié une mission de formation sur le thème de la prospection.
Et la mutuelle devint un excellent client pour le formateur.

27 - POSITIVER LES SITUATIONS

Les vaches grasses

Vincent GODEFROI est directeur régional de sa société pour une partie du sud- ouest.

Ce matin, il reçoit l'appel de jean Louis, l'un de ses commerciaux, complètement démoralisé.
« Tout va mal, tout va très mal, monsieur GODEFROI.
Je n'ai traité aucune vente depuis 8 jours. Hier, l'affaire que je croyais sûre s'est écroulée, je vous expliquerai.
J'avais 3 autres affaires en route.
Aucune des 3 ne se fera avant quelques mois, si elles se font.
J'ai voulu réagir et j'ai contacté 25 prospects. Pas même un rendez-vous.
Je suis vraiment démoralisé, peut-être qu'il y a un malaise ou que je ne suis pas à la hauteur, je ne sais pas.
- Mes compliments Jean-Louis.
- Comment ?
Vous vous moquez de moi monsieur GODEFROI, ce n'est pas gentil.
- Pas du tout, au contraire. Vous savez bien que dans notre métier il y a des moments fastes et des moments sombres et aux moments sombres succèdent les moments fastes ... si le vendeur n'a jamais cessé de prospecter, ce qui est votre cas.
Vous venez de connaître les vaches maigres dans leur totalité, c'est superbe, superbe Jean Louis, mes compliments car les vaches grasses arrivent... en totalité.
Vous avez une chance énorme, vous entrez dans la période des vaches grasses, c'est une évidence, mes félicitations, je suis content pour vous... et pour la société.

GODEFROI a de l'humour et de la réactivité, mais il sait bien qu'un commercial est une personne seule sur la route et que son atout principal est la résistance au découragement.
Il ne veut surtout pas abandonner Jean Louis avec ses difficultés et ses doutes.
« Jean Louis, vous êtes à Brive ?
- Non à Tulle monsieur.
- Que faites- vous à midi ?

- Et bien il faut que je déjeune monsieur...
- Alors je viens déjeuner avec vous. Un problème ?
- Oh! Non, avec plaisir.
- A 12 heures 15 place de la mairie. D'accord ?
- d'accord !

Lorsque GODEFROI arrive à Tulle, Jean Louis Marie a retrouvé tout son moral et la conséquence c'est que dans la matinée il a pris deux excellents rendez-vous.
Il fit du reste un très bon mois.

28 - CHERCHER L'EFFICACITE (SANS REGRET)

Franck BETTGER

La découverte de Franck BETTGER

Franck BETTGER (1888-1981) fut considéré comme le plus important assureur des Etats-Unis d'Amérique et mondialement connu par sa « découverte » et ses ouvrages concernant la vente.
La première fois que je lus un texte relatif à la découverte de Franck BETTGER, ce ne fut pas en lisant un ouvrage traitant de la vente... mais du stress.

BETTGER a environ 30 ans et il considère qu'il est stressé et que ses affaires sont... mauvaises.
Donc il n'est pas satisfait de ses résultats et il décide de chercher à comprendre pourquoi.
Il analyse ses visites, ses ventes et il aboutit à un ratio formel (qui est toujours le même aujourd'hui).
Il vend de l'assurance vie (ce qui n'est pas tâche aisée) et le ratio est donc le suivant :
Sur 100 ventes, (nous disons bien ventes et non contacts), il traite
- dans 70% des cas en première visite
- dans 23% en deuxième visite
- et les 7% restants couvrent la troisième visite... la neuvième... la douzième... éventuellement davantage...

Son analyse rejoint ici une des applications de la loi de Vilfredo Pareto, qui dit qu'on passe 80% de son temps pour 20% du chiffre d'affaires réalisé.

La décision de Franck BETTGER fut rigoureusement logique et son application immédiate.
Il supprima la troisième visite. « Je n'effectuerai plus jamais de visites après la seconde ».
Le résultat fut spectaculaire car il augmenta considérablement ses ventes... et fut beaucoup moins stressé.

J'ai également supprimé la troisième visite (et les autres!) les 15 dernières années de ma carrière et m'en suis fort bien trouvé autant au point de vue des résultats qu'au niveau santé.

Evidemment cette politique induit de ne pas être allergique à pousser une porte, ni soulever un téléphone.

N. B. Bien sûr, dans toutes les activités où il est indispensable de fournir un devis (ravalements de combles, portes et fenêtres- pratiquement toutes les activités du bâtiment) la première visite de vente se situe lorsque le vendeur peut venir présenter le devis et vendre sur le champ.

« Une visite fait toujours plaisir, si ce n'est en arrivant, ce sera en partant ! » dit le dicton.
…Mais si en plus elle génère du chiffre, quand on est commercial, c'est encore meilleur !

29 - FUIR LES AMUSEURS

BETTGER (suite).

Le cheminéiste

Lors d'une journée de formation commerciale, j'explique la découverte de Franck BETTGER aux artisans présents et les incite fortement à la mettre en application.

Un cheminéiste s'insurge :
« Ah'non, alors... ?
Vous ne vous rendez pas compte...
Les prospects intéressés viennent rarement à moi spontanément.
Il faut que je paie pour faire leur connaissance.
J'expose dans des foires, par exemple la foire de Nantes où le tarif est réellement très onéreux.
Je suis immobilisé une semaine sur le stand pour obtenir un nombre de rendez-vous qui est loin d'être impressionnant !
Vous pensez bien que je ne vais pas cesser de relancer un prospect après la deuxième visite de vente. Il faut que je fasse le maximum pour rentabiliser mon investissement et que j'aille jusqu'au bout.
Par exemple, pas plus tard qu'hier soir, j'ai reçu le coup de fil d'un sexagénaire que j'ai visité onze fois et qui souhaite que je retourne chez lui à nouveau, parce qu'il n'a pas tout compris en ce qui concerne un conduit de cheminée.
J'irai demain. »

A la fin de la journée, à part mon irréductible, j'avais réussi à convaincre mon auditoire à éviter la fausse activité commerciale et à renoncer à la population des 7% de BETTGER.

Quelle est cette population ?
- Des éternels Indécis.
- Des personnes qui ne comprennent que très lentement, (et pas toujours très bien...
- Ce que certains appellent dans notre métier des « musiciens «, en fait des amuseurs, des individus qui, pour se rendre importants et se faire courtiser, font croire aux vendeurs naïfs qu'ils sont acheteurs, alors qu'ils n'ont ni le besoin, ni les moyens.

- Ceux qui sont bien décidés à investir auprès d'un fournisseur bien identifié, mais qui veulent avoir une offre moins chère et que pour cela le commercial leur serve de lièvre.

Tout comme Franck BETTGER, il faut vouloir être efficace et protéger sa santé.

Connaître les musiciens, c'est bien. Connaître la musique, c'est mieux !

30 - VOTRE TEMPS, C'EST VOTRE CAPITAL.

Le Coiffeur

Je suis assis sur le fauteuil de François mon coiffeur.
Pendant qu'il s'occupe de ma chevelure (cela remonte à un certain temps...), un homme fort bien habillé entre dans le salon.
François va le saluer « Bonjour monsieur FORTIN » et son épouse s'interrompt également quelques instants dans son travail pour dire bonjour à ce monsieur.

François - mezza voce- m'explique « C'est monsieur FORTIN, un concurrent à la Sodeva où j'effectue tous mes achats.
Vous comprenez, le commercial de cette firme est un excellent ami de notre couple et qui plus est nous sommes très satisfaits de leurs fournitures.
Je précise qu'il est le parrain de notre fils et qu'en aucun cas nous ne voudrions le moins du monde lui être infidèle.
« Monsieur FORTIN ne vous vend absolument rien du tout ?
- Nous ne lui avons rien acheté, même pas un peigne... et nous lui avons expliqué pourquoi.
- Et il continue à venir chez vous ?
- Ecoutez, je vais vous le dire confidentiellement. Nous nous amusons, ma femme et moi à compter ses visites. Aujourd'hui, c'est la dix-neuvième fois.
- Mais comment est- ce possible ?
Après analyse, son langage est le suivant « Je suis un vaillant, un persévérant, un obstiné, ma ligne de conduite ne change pas, je vais jusqu'au bout, je ne renonce pas et persévère pour enfin réussir.
Je viendrai autant de fois qu'il le faudra, mais je finirai par leur vendre quelque chose ?
- (Je les aurai...)
- Et il ne parviendra pas à ses fins, même un minimum ?
- Jamais, nous ne pouvons pas faire cela à notre meilleur ami (et je précise que son épouse est une grande amie de ma femme depuis l'enfance.
Mais attention, nous le recevons très bien, très courtoisement et vous voyez, notre apprentie a commencé à lui préparer la tasse de café que nous lui offrons à chaque fois ».

Impensable, incroyable, non ?

31 - CHERCHER AUX BONS ENDROITS

Le clown.

Cela nous remet à l'esprit un sketch joué par deux clowns dans un cirque.
Un des deux clowns semble chercher un objet sous un réverbère.
Le deuxième clown entre sur la piste et lui demande « Vous cherchez quelque chose, môssieu ?
- Oui, môssieu.
- Et quoi donc ?
- Mon porte-monnaie. Je l'ai égaré.
- Je vais vous aider à le chercher môssieu.
- Merci môssieu. »
Ils tournent tous deux autour du pseudo réverbère et après quelques instants le second clown demande au premier : »Vous êtes sûr d'avoir perdu votre porte- monnaie ici ?
- Je ne l'ai pas perdu ici.
- Mais alors où ?
- A environ 500 mètres.
- Alors pourquoi le cherchez- vous en ce lieu ?
- Parce que ici c'est éclairé et que là-bas il fait tout noir... »

Certains commerciaux agissent exactement comme ce clown.
Ils perdurent à se rendre chez leur prospect parce que là il n'y a pas de peur de l'inconnu. Même si on ne leur achète rien, ils sont bien accueillis et cela fait un bâton sur le rapport d'activité de la semaine.

Dans le cas de FORTIN et de son client coiffeur, il y a deux autres salons dans le pâté de maisons mais là, il n'est pas connu. Il imagine que l'accueil sera plus ou moins sympathique (et on ne lui offrira pas de café). Il pourrait se « sucrer » ailleurs et il préfère se faire sucrer ici. C'est un mauvais choix en terme de business.
C'est pourtant dans ces autres salons qu'il pourrait créer un nouveau compte et améliorer son chiffre d'affaires.
L'affirmation « J'irai jusqu'au bout par amour de mon métier, parce que je suis infiniment persévérant » est une vaste blague.
Mais peut-être y croit- il un peu lui- même.
Mourir debout, droit dans ses bottes, c'est quand même mourir.

32 - FAIRE REGULIEREMENT L'ANALYSE DE SON ACTIVITE

Le responsable

La société que représente monsieur FORTIN emploie une équipe de commerciaux.
A leur tète il y a un responsable commercial.
Mais que fait-il donc, qui est-il pour tolérer qu'un de ses collaborateurs se rende 19 fois (et ce n'est pas fini...) chez le même non client ?
Comment un responsable commercial peut-il laisser faire cela ?

Ses vendeurs font ils un rapport écrit ?
Les lit il sur son écran tous les matins ?
J'en doute et ne suis même pas certain que ces rapports soient institués.
Il ne faut pas incriminer uniquement les commerciaux.
Leurs responsables doivent être des frères ainés qui les encadrent, les suivent, les conseillent... et ne tolèrent pas ce qui est insupportable... pour tout et autant qu'ils en soient conscients.

Certes, il faut donner des formations aux vendeurs pour améliorer leurs connaissances et leur efficacité, mais il faut parfois commencer par donner la leçon à leurs responsables.

Une équipe de vente, c'est un enfant qui nait.
SI la tête passe, le corps passe aussi !

33 - PROFITER DES CIRCONSTANCES

Mai 68

Nous voici maintenant en mai 1968 et l'ambiance dans les rues des villes françaises est pour le moins volcanique.

Nous voici avec Philippe LELONG un jeune chef de vente.
La pièce réservée aux commerciaux est vaste.

Au fond de la salle, dans un angle, vis à vis de la grande table se trouve le bureau du chef de vente..

Gabriel DUMONT vient d'entrer.
Il pose fermement sa serviette sur la table et déclare à Philippe LELONG « J'arrête »
- Comment ça ?
- J'ai voulu faire ma tournée à Vierzon, et je me suis fait engueuler, insulter, traiter de traitre, je crois même qu'une pierre a été lancée sur ma voiture.
Je suis certes attaché à la société, mais je ne mettrai pas ma vie en jeu pour travailler pour elle dans ces conditions actuelles.
J'arrête, nul ne peut me le reprocher.
Je reprendrai mon activité quand je n'aurai plus peur d'exercer ce métier ».

A ce moment Jacques ROUSSIN, travaillant sur la ville de Clermont, traverse la pièce en coup de vent, en direction du stock et revient presque aussitôt, les bras chargés de fournitures.
« Vous avez l'air très pressé » remarque Philippe.
Vous pensez, j'ai un boulot fou, je vais avoir du mal à tout faire.
- Vous pouvez sortir avec votre serviette dans ces circonstances?
- Vous pensez bien que je ne suis pas assez sot pour me balader avec mon attaché- case (DUMONT devient blême), mais ça se passe très bien.
Hier je me suis rendu à l'usine Michelin. Il y avait des mastodontes piliers de grève à l'entrée. Je leur ai dit « je voulais juste m'assurer qu'il ne serait pas utile qu'un de nos techniciens passe regarder votre machine à ronéotyper qui doit tourner à plein régime.

- Viens camarade, m'ont-ils dit, on va t'accompagner jusqu'au local de notre syndicat » et j'ai fait une entrée spectaculaire dans la salle des tirages de la CGT, avec mon escorte... et j'ai pris une énorme commande de fournitures.
J'en ai noté une autre au syndicat FO. Il faut que je voie également les autres syndicats et il y a deux partis politiques qui veulent changer leur machine pour en acquérir une plus moderne et plus rapide, vus les évènements.
Je vais faire un mois extraordinaire.

Le pavé était dans la mare... de DUMONT

34 - ETRE PARFAITEMENT OUTILLE (POUR VENDRE)

La revue de coffre

Lorsque Thierry BANNIER était commercial, faisant partie de l'équipe de la succursale de Strasbourg, son chef de vente Franck WERMELINGER, de temps à autres, lui proposait de jeter un coup d'œil au coffre de sa voiture pour éventuellement lui faire une suggestion judicieuse.

Thierry a repris la pratique.
Il sort aujourd'hui avec Michel, un élément si sympathique et agréable que tous ses collègues l'appellent Nounours.

Sur la suggestion de Thierry, Michel ouvre son coffre.
Il manque certaines fournitures non pas de base, mais pouvant être utiles, voire déterminantes en cours de démonstration.
Par contre, dans l'angle droit se trouve soigneusement positionnée une respectable boite de préservatifs.

« Michel » commente son chef de vente, « il vous manque un pack SP3, des ramettes de papier couleur, du papier 250 grammes et des accessoires de rechange.
Une trousse de premiers secours ne serait pas inutile non plus.
Je ne conteste pas l'utilité éventuelle de votre boite de capotes, mais l'absence de certains outils risque de faire... capoter certaines de vos démonstrations ».

Il faut être vigilant dans ce métier et faire en sorte d'être équipé de façon sérieuse et veiller pratiquement quotidiennement à ce que rien ne manque.

Pour ce vendeur de fournitures pour matériel de reproduction, tout cela ne manquait pas de saveur !

35 - SOIGNER SA FORME ET PREVOIR... L'IMPREVISIBLE

Le thermomètre

Le chef de ventes Louis LALUC assure le suivi des 12 commerciaux de l'équipe de Limoges en sortant avec eux très régulièrement.

LALUC se trouve aujourd'hui en compagnie du jeune Emmanuel HUTIER, au fin fond de la Creuse.
Il se rend compte que le garçon tousse, mouche et ne semble pas être dans son élément. Il s'inquiète.
« Oh! Ce n'est rien monsieur, juste un petit rhume, rien du tout...
- Avez- vous les médicaments qui conviennent pour soigner ces symptômes ?
- Non, mais ce soir je me rendrai dans une pharmacie pour en acheter. »

Inutile d'attendre le soir, car dans la boite à gants de son véhicule LALUC a toujours une pochette dans laquelle se trouvent tous les remèdes classiques pour traiter les ennuis les plus courants.
« Nous devons toujours avoir à la portée de la main tout ce qui peut nous soulager et nous permettre de continuer à exercer notre travail dans les meilleures conditions possibles, lorsque la visite chez son médecin ne s'impose pas ».
Il en profite pour faire remarquer à HUTIER « Dans ce petit porte-monnaie se trouve une ribambelle de pièces. C'est très utile lorsqu'on se trouve dans un parking et que l'on n'a pas la monnaie nécessaire pour payer le péage »

Pendant le repas, LALUC constate que son collaborateur n'est manifestement pas en grande forme.
« Mon vieux, vous m'avez l'air d'aller de moins en moins bien.
- Oh non !, ça va aller je vous assure ».
Toujours de sa boite à gants, LALUC sort un thermomètre médical.
« Il est désinfecté. Allez hop, prenez moi cette température.
- Mais monsieur...
- Dîtes mon ami, je sais comment un homme est bâti... Allez hop... » L'instrument indique 39,4
« Vous êtes capable de conduire votre auto pour rentrer à Limoges ? »

- Mais monsieur, je peux travailler encore un peu, nous devons nous rendre aux établissements Laigle.
- Non, pas question. On rejoint votre voiture, vous filez, en faisant attention, en direction de Limoges et vous allez consulter votre docteur.

Eh oui, un thermomètre fait partie de l'équipement utile, mais HUTIER, à la prochaine réunion commerciale mensuelle de l'ensemble des vendeurs eut la mauvaise idée de raconter l'anecdote. Elle parvint à un de ses confrères et par la suite, lorsqu'il se trouvait à la direction régionale, dans un couloir, il croisait toujours un de ses collègues qui, en le voyant, secouait un thermomètre fictif !

36 - ETRE BIEN POUR ETRE BON...

Les 3 conditions

Mon ami Justin PUDLOWSKI, aime à dire, dire encore, répéter, répéter encore : « Pour la vente, il faut trois conditions sine qua non.

Etre bien dans sa peau
Etre bien dans sa peau de commercial.
Pour vendre, il faut aimer le contact avec son prochain, aimer convaincre, aimer se démener pour réussir une vente.
Mon meilleur ami d'enfance, Claude, est peut-être l'individu le plus attachant que j'ai pu rencontrer ?
Franc, honnête, loyal. Par contre sa femme dit volontiers « c'est un ours ».
Après avoir été longtemps rédacteur à la mairie du Havre, il en est devenu responsable d'un des services de la ville.
Mais il n'aurait jamais rien pu vendre à personne.

Etre bien dans ses produits.
Il faut apprécier les produits, croire dans les produits que vend sa société.
Il m'est arrivé d'entendre un discours comme « J'aime bien notre firme, mais notre modèle phare le HV est trop lourd et trop cher par rapport au BF 125 de chez DULTON. Si nous avions un matériel comme le BF 125, je suis certain que j'en vendrais et même beaucoup.
- Vous aimeriez pouvoir proposer un produit comme le BF 125 ?
- Oui monsieur.
- Nous sommes ici rue de la République, allez jusqu'à la place Henri IV, traversez là, remontez la rue de la Convention et tout à fait en haut, DULTON a ses bureaux, vous pouvez essayer de vous faire embaucher là.
Mais si vous souhaitez rester dans notre entreprise, il est indispensable que vous vous fassiez à l'idée qu'il faut vous employer à vendre le matériel que nous avons et non celui que nous n'avons pas ».

Etre bien dans sa société
« Bien sûr j'apprécie notre maison, mais reconnaissons-le, certains de nos modèles ne sont pas parfaitement fiables, nos approvisionnements trop longs, notre directeur commercial monsieur DURIVAL, caractériel et nos prix trop chers par rapport à ceux de la concurrence.
- Et bien c'est vers cette concurrence qu'il faut vous diriger. »

Bien dans sa peau
Bien dans ses produits
Bien dans sa firme.

Si l'une de ces 3 conditions manque, les résultats ne seront pas brillants. Ou alors, ils brilleront par leur absence.

Etre bien, pour être bon, voilà une bonne leçon !

37 - PENSER QUE TOUT EST VENTE

La chambre

Kevin DARCEL, notre intervenant commercial, anime aujourd'hui une formation auprès du personnel de la Chambre des Métiers, chargé des contacts avec les candidats à une création d'entreprise en tant qu'artisans.
Et un artisan, sans être un redoutable « killer », doit pouvoir convaincre son interlocuteur d'acheter ses prestations et ses produits.

Kevin décline les 3 conditions apprises auprès de Justin PUDLOWSKI pour vendre.
Bien dans sa peau
Bien dans ses produits
Bien dans sa firme.
Les 7 conseillers l'écoutent et l'un d'entre eux Gabriel LOISEL prend la parole ; »Et bien moi, je suis à la Chambre depuis 9 ans, mais je ne suis pas bien dans ma peau pour vendre, c'est-à-dire convaincre les demandeurs d'opter pour l'artisanat.
Je n'apprécie que très moyennement mes produits et je ne suis pas à mon aise à la Chambre des métiers ».

DARCEL évite de lui répondre, mais pense qu'il faut impérativement qu'il trouve un autre job.

Deux ou trois fois par an, il vient intervenir à la chambre des métiers et chaque fois il apercevra, dans une salle ou dans un couloir, Gabriel LOISEL fier et digne.
Et cela dure depuis 10 ans

Manifestement c'est plus un vendeur en chambre qu'un vendeur de métier !

38 - SAVOIR PARTIR

La prise de congé

Notre ami commun, Luc FLAVOIS, lors d'une récente conversation téléphonique, suggérait que nous abordions le sujet suivant.
Lorsque le vendeur a traité une affaire, parfois il se sent particulièrement bien chez son client et il a envie de rester un peu.
Grave erreur, assure FLAVOIS.
Quand la vente est faite, il faut s'en aller.
Poliment, courtoisement, mais il faut s'en aller, « se casser » nous dit Luc en langage populaire.

Justement, Nicolas MONTAGNE, vendeur d'alarmes, se trouve dans une très belle maison au milieu des terres maraîchères, au bord de la Loire.
Le contrat qui vient d'être signé est conséquent, car la propriété est superbe et peut aisément attirer des personnes mal intentionnées.
Les clients, Elodie et Jérémie TERRIEN, lui proposent de boire l'apéritif et Nicolas accepte, perdure dans ce lieu, pas pressé de s'en aller, heureux de sa vente et se sentant bien en cet endroit.
Ils bavardent et Jérémie se met à penser « J'aurais dû lui demander d'englober dans le contrat l'annexe réfrigérée où nous entreposons le muguet les derniers jours de mai, il y en a pour de l'argent et cela n'aurait sans doute pas coûté beaucoup plus cher, tant il avait envie de traiter cette affaire.

Jérémie pose la question et Nicolas, au comble du bonheur, voit arriver une seconde affaire.
Il établit oralement le devis de cette seconde vente, avec tout le système, centrale, I.R. ...etc.
« Il est en train de me rouler » se dit Jérémie « Je peux certainement avoir une offre globale plus intéressante.
Pas grave. Il s'agit d'une vente à domicile; nous avons une semaine pour la résilier. Demain je vais téléphoner à une autre firme. On va comparer. »

Le concurrent appelé fit un bel effort et l'apéritif prolongé coûta cher à Nicolas.

Luc avait raison. Affaire faite, il fallait t'en aller mon gars... !

39 - GARDER SES ARGUMENTAIRES POUR LES (VRAIS) CLIENTS

Le « vendeur interne »

Comme accoutumé ce matin, Frédéric BILOIS reçoit l'appel de tous ses commerciaux extérieurs.
Charles DELALANDE, essaie de convaincre son directeur.

« Monsieur, les établissements Chabin, un très important client, est prêt à nous acheter notre offset haut de gamme, mais son prix est trop élevé par rapport à certains concurrents.
La société n'autorise dans le plus extrême des cas que 20% de remise et cela ne suffira pas. Il faut arriver à 25%.
En tant que directeur, avec votre réputation dans la firme, je suis certain que vous pourrez les convaincre.
- Monsieur DELALANDE, dura lex sed lex, il n'y a aucune dérogation possible dans le cas des remises extrêmes accordées par notre société.
Mais l'affaire est énorme et alors je ne vendrai pas...
- Monsieur Delalande il va falloir vous faire aux conditions de la société et non vouloir que la société se fasse à vos conditions.
En l'occurrence vous devrez trouver un ou plusieurs autres acheteurs qui acceptent nos conditions.
- Mais monsieur, j'insiste, s'il vous plait, obtenez-moi cette remise de 25% » et pour toucher son directeur par la fibre sensible, il ajoute je fais appel au vendeur qui est en vous !
- Mon cher DELALANDE, le vendeur que vous sollicitez est toujours présent et il a envie de se battre pour prendre les affaires avec une bonne marge. Mais, dans le cas qui nous concerne, vous ne faites pas appel au vendeur, vous faites appel au tricheur et je n'en suis pas un ».

Et notre vendeur de repartir à l'assaut de son client et finalement de vendre à -19%.
Comme quoi...

40 - AVOIR DES PLANS B OU C...

Le Lycée de Marmillat

A son arrivée à la succursale de Clermont-Ferrand, le jeune chef de vente nouvellement promu, Thierry BANNIER, fait connaissance du plus ancien vendeur de l'équipe, Ferdinand MUROL, un « vieux » de 20 ans de maison.
Il paraît peu remuant mais son objectif chiffre d'affaires mensuel est toujours, absolument toujours, au moins atteint, voire dépassé.

Thierry va apprendre que ce quinquagénaire commence son activité, chaque matin, en avalant plusieurs verres de vin blanc.
Et puis la matinée avançant, il change d'établissement pour absorber - il faut une gradation - quelques verres de Saint-Pourçain rosé.
Enfin midi est là et Ferdinand ne dérogerait en aucun cas à sa règle absolue, boire avec des camarades de combat un certain nombre de bonnes anisettes et enfin ils passent à table pour un bon repas bien arrosé.
L'après-midi, fatigué par son activité matinale, notre ami rentre chez lui pour goûter à un légitime repos.

Et son chiffre est fait ?
Et son chiffre est fait et ce tous les mois grâce notamment aux commandes de fournitures du lycée agricole de Marmillat.
Le lycée est un immense établissement, avec une grande salle de tirages. Tous les travaux de copie sont confiés à l'employé du service, José DUNAND.
Et DUNAND passe toutes ses commandes, consciencieusement, bien que les tarifs de la société soient plus chers que ceux de ses concurrents, au bon MUROL, qui vend au tarif, sans la moindre remise.

MUROL et son épouse possèdent une jolie petite résidence secondaire au bord de la Sioule.
Et DUNAND y est invité chaque week-end.
Pêche à la truite, bons repas et les nuits du vendredi au samedi et souvent ceux du samedi au dimanche chez les MUROL.
Le Lycée n'est pas le seul client de notre ami, il en sert cinq autres, (sur les 300 répertoriés sur son listing clientèle) nettement moins importants certes et choyés... en fonction du chiffre d'affaires.

Un jour, DUNAND est victime d'un grave accident de la route.
Il survivra mais ne pourra plus jamais travailler.
Le lycée agricole embauche un autre tireur... qui n'aime pas la pêche et qui est attaché à la compagnie de sa femme et de ses enfants
Il découvrira vite que d'autres fournisseurs peuvent lui fournir d'autres marchandises à des prix plus attirants, dans l'intérêt de son employeur.
MUROL subit la situation de plein fouet. Il est incapable de prospecter. La situation est grave.
Il ne finira pas sa carrière dans la firme et devra se contenter du salaire de sa femme et, lorsqu'il le faudra, de ses économies.
Dans cette situation, adieu blancs secs, rosés et anisettes dans les bars.
Il doit se contenter de se servir chez lui.
La chute est dure.

Il ne fallait pas confondre aimer le gros plant et avoir les bons plans !

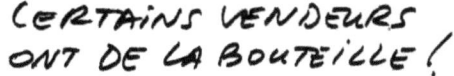

41 - OBSERVER ET ANALYSER LES COMPORTEMENTS

Hop

A la demande d'un de ses clients, gérant de 9 magasins de jardinerie et bricolage, Philippe LAVAL joue le rôle du client mystère.

Au terme de ses visites, il constate que 33% des employés ne lui ont dit ni bonjour ni au revoir.
Philippe n'est pas stupéfait car une douzaine d'années auparavant, une statistique très sérieuse affirmait que ce mauvais accueil était pratiqué par 50% des commerçants de l'hexagone.
Donc, Philippe se dit malicieusement que le ratio de 33% constitue un net progrès, mais cette analyse ne put convaincre l'excellent directeur commercial des jardineries et bricolage, Eric PINARDIER !

Celui-ci, avec ses associés, entreprit immédiatement une action de fond et de choc pour remédier à cet état de fait et il y réussit en grande partie.

A leur demande, Philippe fait encore un tour du magasin, achète un géranium et un romarin, puis se dirige vers la sortie pour régler ses achats.
Le caissier saisit le géranium, l'introduit dans un sac en plastique et prononce son premier « hop ».
Puis il prend le romarin, le scanne, direction lui aussi le sac en plastique en accompagnant son geste d'un puissant « hop ».
Il montre à Jean la caisse enregistreuse qui indique la somme de 9 euros 30 avec un autre « hop »
Jean lui tend un billet de dix euros que notre ami saisit en même temps qu'un quatrième « hop », puis lui rend la monnaie avec un « hop »final bien senti !

Hop Hop Hop par ici la monnaie !

Un entretien avec Cinq Hop, pour un géranium, il y avait presque de quoi tomber dans les pommes !

42 - SOIGNER LA PROPRETE POUR NE PAS ETRE REPOUSSE.

L'œil du maitre

Sur les 9 magasins visités par Philippe, notre client mystère, deux d'entre eux présentaient des signes évidents de laisser aller. Il put constater que sur certains articles, récipients, assiettes par exemple, il pouvait écrire son nom à l'aide de son doigt... à travers la poussière qui recouvrait les objets.
A la lecture du rapport de visite, Eric PINARDIER, le directeur commercial de l'enseigne se montre fort mécontent, mais quelque peu étonné. « Je suis très surpris car aux endroits dont vous m'avez parlé je n'ai rien remarqué et pourtant j'y suis passé aussi »

C'est sans doute que PINARDIER ne s'est pas promené dans tous les rayons et son chef de magasin non plus, l'amas de poussière n'étant pas arrivé par génération spontanée.
Il leur faut relire la fable de Jean de La Fontaine « l'œil du maitre », un patron doit tout voir, et la propreté, si elle est indispensable dans la tenue vestimentaire des commerciaux doit l'être également dans un magasin.

Il faut tout voir et être bien convaincu que crasse sur les produits peut faire sauver le chaland.

La fin de l'histoire est d'ailleurs savoureuse car une semaine plus tard, en repassant aux mêmes endroits en compagnie d'Eric PINARDIER, Philippe put faire constater au directeur commercial que son nom était toujours inscrit et parfaitement lisible sur les articles incriminés.

Poussière tu étais, poussière tu redeviendras ! En attendant, la vente continue si tout est propre.

43 - SOIGNER LA PREMIERE ET LA DERNIERE IMAGE

SBAM

A propos de bonjour et au revoir, il y a une douzaine d'années, 2 intervenants au cours d'une formation commerciale, s'adressaient à 11 commerçants Finistériens.
Avec conviction et talent, ils unirent leurs efforts pour persuader ces boutiquiers de ne laisser aucun client entrer ou sortir de leur magasin sans l'avoir gratifié d'un bonjour et d'un au revoir- qu'il ait acheté ou pas.

Bien sûr pas le bonjour ou le au revoir du buraliste de quartier qui, du lundi au dimanche matin, marmonne sans même voir le client, mais au contraire, le bonjour et au revoir agréable, vivant et en un mot sympathique.
Les intervenants assuraient aux commerçants que leurs affaires allaient obligatoirement progresser de façon sensible.
7 d'entre eux s'entendirent pour demander aux 2 formateurs d'accepter de venir les suivre régulièrement, contre rémunération, pendant 6 mois.

Le résultat fut très intéressant.
Au terme de cet essai, les 7 commerçants enregistrèrent tous une augmentation de leur chiffre d'affaires. La plus modeste de 6,1% et la plus forte de 16,3%.
Dont acte.

Pour faire de bonnes journées il faut commencer par dire bon jour !

44 - NE PAS GACHER LE PLAISIR D'ACHETER DU CLIENT

Les rosiers

Philippe, notre client mystère visite un autre magasin.
En pépinière, il remarque de beaux rosiers et justement, il lui en faut deux pour agrémenter son jardin.

Après avoir terminé son tour du propriétaire, il se rend à la caisse et s'adresse à la personne qui se trouve derrière le comptoir.
« Madame, je suis intéressé par des rosiers mais je n'ai pas vu le prix.
Elle le regarde, avec de bons yeux et répond « vous avez raison, je ne les ai pas étiquetés, venez avec moi » et elle lui montre un petit instrument à laser « avec cela, je vais les renseigner ».
Notre client mystère suit la caissière : « vous voyez, monsieur, ceux sur ma gauche sont à 6 euros 50 et ceux sur ma droite à 9 euros 5o »

Philippe la remercie, fait encore un petit tour de magasin et le voilà revenu à la caisse.
Mais cette fois, un client le précède et l'employée, volubile, est en grande conversation téléphonique avec manifestement une collègue, elle parle, elle parle...
Philippe attend environ 5 minutes en se disant pour lui-même « Si je n'étais pas en service commandé, je serais déjà parti ! »
Finalement la caissière déclare à son interlocutrice « Bon, il faut que je te quitte, j'ai du monde ».
Arrive le tour de Philippe
« Je prends ce rosier à 6 euros 50 et celui-là à 9 euros 50. ». La caissière prend le billet de 20 euros et rend la monnaie tout en disant : « C'est vraiment dommage que vous ne soyez pas venu la semaine dernière, nous avions une promotion sur les rosiers.
 - Ah bon ! et ils étaient moins chers ?
 - Ah Oui, monsieur. »
Notre client mystère, en s'amusant, lui demande alors « Je perds combien d'argent ?
Elle ne se démonte pas et répond « 2 euros; un euro par rosier. »

Une fois monté dans sa voiture, Philippe téléphone à Eric PINARDIER, son client, directeur commercial de l'enseigne.
« J'ai perdu 2 euros ». Et il lui raconte l'anecdote.
« Ne vous inquiétez pas, je vous les rembourserai.
- Je ne m'inquiète pas mais si vous voulez me faire plaisir, quand je serai chez- vous, offrez moi plutôt un verre de votre excellent muscadet ! ».

Ainsi fut fait.
Mais ce qui donne encore plus de saveur à cette situation c'est que monsieur PINARDIER et le chef du magasin éprouvèrent les plus grandes difficultés à faire comprendre à cette caissière, qui au demeurant donnait plutôt satisfaction, que sa remarque n'était pas nécessaire !
Toute vérité n'est pas toujours bonne à dire.

45 - ETRE LUCIDE SUR LE METIER

Une question:

Suite à une formation commerciale, quel pourcentage de l'enseignement prodigué va être concrètement appliqué ?
D'éminents spécialistes affirment que le pourcentage oscille entre 2 et 3% et que ce dernier chiffre concrétise une réussite maximale.
Il est évident que dans des branches très techniques telles que bâtiment, informatique …etc. le ratio est supérieur à celui que nous venons d'indiquer.

Quoi qu'il en soit, le pourcentage est toujours finalement très faible.

C'est pourquoi nous pensons qu'il faut plutôt bien recruter et remplacer ceux qui, par manque total de dispositions pour le métier ou par manque de bonne volonté, ne feront jamais rien dans le métier et embaucher des bons.
Malheureusement, comme dit un de nos amis « il faut savoir lourder...
Nous pensons qu'il faut convaincre les entreprises de programmer des formations spécifiques consacrées aux meilleurs avec un minimum de temps passé pour un maximum d'effet.

Quoi que certains pensent, la vente est un des métiers les plus difficiles et seuls les meilleurs s'en sortent très bien. Pour les autres, c'est plutôt la galère et il faut ramer…

… pour leurs formateurs à la vente aussi d'ailleurs.

46 - TIRER PROFIT D'UNE « BANALE » INFORMATION

Les vieux

Lors d'une belle soirée de mai Edouard LEFEVRE, un formateur, est invité à prendre l'apéritif chez ses amis Serge et Jacqueline FONTAINE, en compagnie d'Yves FALLA, l'expert-comptable du premier et qui fut celui du second.
« Tu vois Serge, explique le comptable, ta femme et toi, des vieux de 63 ans... vous profitez d'une retraite bien méritée dans cette jolie petite maison.
Distrayez-vous, sortez régulièrement, au spectacle, dans un des 300 restaurants de la ville et améliorez vos conditions de vie.
Vous avez un peu d'argent, n'hésitez pas à investir dans le confort, l'électrification de vos volets roulants, dans une porte de garage, un portail automatique.
Faites isoler votre villa avec les techniques les plus modernes, ...etc.
Rendez- vous la vie le plus agréable possible, il est temps de penser à vous maintenant ».

Dès le lendemain Edouard LEFEVRE médite ces propos.
« Yves a raison et moi en tant qu'intervenant, je dois sensibiliser de plus en plus les commerciaux qui vendent à la clientèle des particuliers à visiter les retraités.
Tous ces vendeurs n'ont souvent qu'un rendez- vous le soir, quand les deux membres du couple sont rentrés de leur travail.
Et parfois, ils n'ont aucun rendez-vous pendant les heures ouvrables.
FALLA a raison: Les retraités ont quelquefois un peu d'argent à dépenser et tout intérêt à améliorer leur vie par la domotique, l'électrification, l'isolation, les vérandas, les piscines, internet ...etc.
Ces personnes qui parfois s'ennuient, ne demandent souvent qu'à accueillir un commercial qui informe, occupe, distrait et peut-être rend et vend des services.
Il faut que j'insiste pour que les commerciaux remplissent leurs journées pendant les heures ouvrables avec des retraités... pour le bien de tous. »

47 - SAVOIR OBSERVER POUR S'INFORMER

Les rideaux

Il y a une dizaine d'années, Michel DELORME, responsable CGSA des Pays de Loire et son adjoint Michel PINOT, en compagnie de Pierre DUCHAMP, sont arrivés à garer leur automobile dans un quartier pittoresque mais très encombré de Nantes.

PINOT remarque « Je n'aurais jamais cru qu'il y avait autant de retraités à Nantes.
- Qu'est- ce qui vous fait penser qu'il y a beaucoup de retraités à Nantes ? » demande Pierre DUCHAMP.
« Et bien regardez les rideaux.
Ils sont toujours ornés de fleurs, souvent de roses, ou de petits personnages tels les nains de Blanche-Neige.
Ce ne sont sûrement pas des jeunes femmes qui ornent leurs fenêtres de tels rideaux, elles préfèrent des voilages plus sobres.

Je vais dire à l'équipe commerciale de prospecter ici parce que les placements financiers peuvent les intéresser».

Pendant les années qui suivirent, Pierre DUCHAMP, au cours de ses formations dans les catégories socio-professionnelles axées sur la vente aux particuliers a incité les commerciaux à regarder... les rideaux.
Cela est moins vrai aujourd'hui car nombre de ces personnes ont disparu mais il en reste.
Et en tous cas, les vendeurs de domotique, vérandas, isolation, ravalements, placements financiers ...etc., ont profité de cette information, de cette observation. En utilisant cette information, aussi astucieuse qu'utile, ils ont fait (et font encore) la chasse aux fleurs et aux nains de Walt Disney !

Chasser le nain pour faire des ventes de géant, quel challenge intéressant !

48 - LE MEILLEUR VENDEUR, C'EST VOUS.

L'apprentissage

Ce tout jeune élément commercial fait son rapport à Jérémie le chef de vente de cette firme spécialisée dans le ravalement de façades et l'isolation.
« La cliente m'a dit « mon mari ne peut être présent mais ne vous inquiétez pas, il fait ce que je veux, il me mange dans la main. »
Je lui ai tout expliqué, lui ai fait une estimation chiffrée et elle m'a assuré « C'est d'accord, cela me convient, pour le principe, il faut quand même que je lui en parle, mais demain après-midi je ne travaille pas, venez à 16 heures je vous signerai la commande.
- Et voilà une affaire de foutue commente Landier.
- Comment ?
- Petit, tu es jeune, tout neuf, il faut que tu apprennes les bases du métier.
Dans la vente aux particuliers il est parfaitement inutile de commencer l'entretien si les deux membres du couple ne sont pas présents.
C'est une règle d'or.
Mais pourquoi? Dans ce cas précis elle m'a bien affirmé sans la moindre restriction que son époux lui laissait le soin de décider en ce qui concerne la maison.
– Je sais, le mari qui mange dans la main de madame, madame qui fait tout ce que son mari décide, tout cela c'est de la blague.
– Celui qui n'a pas été présent lors de l'argumentation, n'est pas convaincu.
– « Mais elle va tout lui expliquer...
– Elle va lui relater ce qu'elle a compris et ce sera insuffisant, car elle n'est pas professionnelle de notre branche et n'aura pas les arguments techniques et autres pour le convaincre
- Mais dans ce cas, je retournerai en présence de l'époux.
- Inutile. Dans le bâtiment, nous pratiquons la vente one shot.
Et apprends notre deuxième règle d'or, la règle d'or dans le bâtiment.
- **Client à revoir, client sans espoir** -
Il faut mettre d'autres affaires en route petit ».

49 - NE RIEN LAISSER AU HASARD

Les deux Jean-Yves et les prières.

Jean LAVALET intervient à Angers, chez des confrères intervenants, ce qui n'est pas fréquent.
Très BCBG., tous deux se prénomment Jean-Yves.
Ils se sont spécialisés dans le recrutement, mais souhaitent acquérir des connaissances plus pointues dans les techniques de vente pure.
LAVALET étant réputé en tant que ténor et excellent enseignant de ces techniques de vente pure, ils lui ont demandé de venir les perfectionner une première fois...et en redemandent... !

Ils avaient souhaité que le Nantais les appelle par leur prénom (« bien que nous soyons beaucoup plus jeunes que vous, ce serait sympathique »).
LAVALET avait répondu « alors appelez-moi Jean ».
« Jean » demande un des deux Jean-Yves « Je souhaite vous poser une question ?
- Volontiers.
- Jean- Yves et moi sommes sur une affaire importante.
Il s'agit d'un cabinet d'expertise comptable, très connu à Angers avec des antennes en Mayenne et en Sarthe, qui est confronté à de gros problèmes de recrutement.
Ils éprouvent des difficultés de taille pour embaucher de jeunes comptables.
Ce cabinet est dirigé par quatre décideurs, tous quatre experts comptables bien sûr.
Lors de notre entretien de présentation, un des quatre associés n'a pu être présent, se trouvant pris par un travail capital chez un de leurs plus gros clients au Mans.
Il aura fini demain et la décision doit se prendre demain. Nous ne pourrons donc pas le rencontrer. Mais je ne suis pas inquiet car trois sur les quatre que j'ai rencontré semblent vouloir nous confier cette mission.

Pensez-vous que le fait de ne pas l'avoir vu peut être gênant lors de la prise de décision ? »

Jean les dévisage.
« Me permettez- vous de vous poser une question personnelle ?
- Je vous en prie.
- Etes-vous croyants.
- Absolument, ma femme et moi sommes catholiques, nous avons trois enfants et nous allons tous à la messe le dimanche.
- Et bien alors cela nous laisse une chance.
Vous connaissez sûrement des prières ?
- Bien sûr.
- De bonnes prières ?
- Oui.
- Alors priez.
- Pourquoi ?
- Jean-Yves vous n'avez pas rencontré le quatrième décideur et rappelez-vous qu'un seul décideur vous manque et tout est dépeuplé...
Espérons que vos prières seront efficaces, autrement c'est foutu.
Priez Dieu ou plutôt allez voir le 4eme décideur, voilà mon conseil.

50 - TOUS PROSPECTS - TOUS CLIENTS

Le couloir

Ce commercial en informatique a obtenu de haute lutte un rendez-vous avec Luc MARTIN, le responsable du département informatique des immenses établissements Delmotte.
La standardiste le conduit vers le bureau de monsieur MARTIN et pour y parvenir le précède en suivant un long couloir avec une succession de petits bureaux vitrés. Dans ceux-ci s'activent une, deux ou trois personnes.
Le bureau de Monsieur MARTIN est situé tout au fond et notre commercial, précédé par sa guide, arpente donc le couloir, raide et digne, fier de l'importance de sa mission et de son importance personnelle sans jeter le moindre coup d'œil sur sa droite et sur sa gauche.
MARTIN s'avère intéressé par la proposition de notre ami, techniquement valable, judicieuse et au tarif attrayant.

Luc MARTIN est un vieux de la maison et alors qu'il déjeune à la cantine, il est interpellé par nombre de ses collègues des deux sexes.
« Dis donc, c'est qui ce ouistiti à l'allure impériale qui est passé devant notre bureau. On voit bien à son air supérieur qu'il méprise le petit personnel. Même s'il n'était pas obligé de sourire, il aurait pu jeter un petit coup d'œil ou nous faire un coup de tête amical.
C'est quelqu'un avec qui tu comptes travailler ? »

MARTIN ne recevra pas une deuxième fois le commercial.

Une petite fois et puis s'en va…

51 - APPLIQUER LES BONNES METHODES POUR DEVENIR MEILLEUR ENCORE

Les ténors

Jean DUGALLIER intervient dans une très importante compagnie d'assurances, la CGSA- dans le contexte d'une formation sur la prospection, avec une méthode vivante facile à appliquer et vraiment efficace.
10 commerciaux sont les stagiaires de notre ami Jean à un mois d'intervalle.
Les progrès ne s'avèreront pas inexistants mais peu significatifs.
Le directeur commercial de CGSA François GERMIER demande à DUGALLIER d'intervenir une troisième fois à Paris, toujours au siège, toujours dans le XIVème.
« Lors de vos deux premières interventions, lui explique GERMIER, nous vous avons confié nos éléments les plus médiocres, pensant que sous votre égide, avec votre charisme et avec votre méthode à la fois très simple et très performante, nous allions enregistrer des progrès très spectaculaires et qu'ils allaient littéralement « éclater ».
Ce n'est pas le cas.
Aussi avons-nous décidé de vous proposer de faire l'expérience suivante.
Puisque nous n'arrivons pas à améliorer notoirement les « mauvais » nous allons vous confier les « bons », en l'occurrence trois de nos meilleurs éléments - deux jeunes femmes et un homme - tous trois très motivés, très dynamiques, très efficaces. ».
Vous allez voir, vous allez avoir des ténors. »

Les résultats furent impressionnants.
Les trois stagiaires écoutèrent les conseils de Jean DUGALLIER avec le plus vif intérêt, fortement désireux de se perfectionner encore et encore et de devenir meilleurs.
Et ce fut le cas.
Appliquant intelligemment tout ce qui leur fut enseigné, les trois ténors, devinrent... « ténorissimes ».

Comme quoi la maxime qui dit qu'on ne fait pas d'un âne un cheval de course vaut aussi chez les commerciaux.

52 - PRENDRE LA COMMANDE QUAND L'ENVIE EST LA

Chocolat

Arsène est invité le vendredi midi chez ses amis, Laure et Alexis et le jeudi soir il veut acheter un bouquet de roses pour les offrir à la jeune femme qui adore ces fleurs.

Il entre chez une fleuriste et demande à la commerçante qu'elle lui confectionne un joli bouquet de belles roses.
« Vous voulez de très belles roses ?
- Oui madame.
C'est pour offrir quand ?
- Demain midi.
Alors, revenez demain matin, je vais en recevoir de superbes ».

Arsène sort de la boutique en se disant « elle est vraiment charmante cette dame. »
Puis il réfléchit rapidement « Mais je n'ai pas du tout envie de me rendre à nouveau demain chez cette fleuriste, cela ne m'arrange nullement ».
Juste en face, mais vraiment juste en face, se trouve, de l'autre côté de la rue, un pâtissier confiseur.
Arsène traverse la rue, entre dans le magasin et achète une belle boite de chocolats. « Cela fera autant plaisir, à Laure, elle adore aussi les chocolats et comme cela je n'aurai pas à revenir. »

Des notions de vente cela sert, car en l'occurrence la fleuriste a été chocolat ! ...

53 - LUTTER CONTRE L'HABITUDE

Le postulat d'Arsène

Les centres de gestion ont une mission de formation auprès de leurs adhérents artisans et commerçants.
Arsène anime des formations commerciales dans les CGA. De Bretagne et Pays de Loire depuis plus de vingt ans, à raison d'au moins une par semaine et ce, une journée durant, devant un auditoire de dix à quinze personnes.
Il estime à trois mille le nombre de participants auxquels il a, avec compétence et passion, voulu inculquer des notions aussi novatrices qu'efficaces.

Un jour, il lui est posé la question suivante : « Comment réagissent vos stagiaires ?
- Ils se déclarent, sauf exception rarissime, enchantés de leur journée et déclarent presque toujours qu'ils vont mettre en application immédiatement au moins une partie de l'enseignement qui leur a été prodigué.
- Et les résultats sont immédiatement productifs ?
- Presque jamais.
- Comment? Pourquoi ?
- Parce qu'ils restent uniquement dans le domaine des intentions.
- Mais pourquoi, juste ciel, puisqu'ils étaient convaincus ?
- A cause de mon postulat.
- Votre postulat ?
- Oui.
- Quel postulat ?
- Le postulat d'Arsène !
- ?
- Ecoutez bien:
« <u>Tout artisan ou commerçant qui veut évoluer positivement (et surtout celui qui éprouve des difficultés, voire de grosses difficultés dans l'exercice de son activité) est prêt à accueillir et à mettre à exécution toute façon de procéder, nouvelle pour lui, productrice de résultats positifs</u> **pour tout et autant que cette façon de faire soit rigoureusement la même que celle qu'il sait et aime bien pratiquer, même si elle donne de piètres résultats et parfois le conduit droit à la catastrophe.** »

« Il faut savoir, dit encore Arsène, que dans les formations CGA viennent aussi un certain nombre d'artisans et de commerçants dont les affaires sont fructueuses.
Et bien ceux-là, soyez en sûr, mettent en application ce qu'ils ont appris...
...et ainsi réussissent encore mieux...

54 - SE FIXER DES OBJECTIFS AMBITIEUX

Guillaume de Prusse

Une importante société de la région Parisienne emploie quatre-vingt- dix commerciaux sur l'ensemble de l'hexagone.
A chacun de ces vendeurs est attribué en fonction de son secteur et des résultats antérieurs acquis, un objectif, c'est-à-dire un chiffre d'affaires et ce chiffre d'affaires représente 100% de l'objectif à atteindre.

Tous les mois est publié et adressé à chacun, le listing des résultats avec classement de 1 à 90.

Tous ceux qui ont atteint ou dépassé leur quota, soit 100%, voient leur patronyme imprimé en noir, avec en exergue la première partie de la maxime de Guillaume de Prusse :

« Il n'est pas nécessaire d'espérer pour entreprendre »

Tous ceux qui n'ont pas atteint les 100% voient leur nom imprimé en rouge avec la deuxième partie de la maxime:

« ni de réussir pour persévérer »

Hardi petit.

55 - MAINTENIR UN CONTACT CONTINU

Louis anime une formation dans une société commercialisant des distributeurs de boisson et des fontaines d'eau.
Parmi les stagiaires l'un d'eux explique :
« Je prospecte mon territoire secteur par secteur et m'efforce de contacter le maximum d'entreprises. J'applique une règle: Je ne contacte à nouveau un prospect qu'après un délai minimum d'un an.
– Et vous avez eu un entretien avec le décideur ?
– Non, c'est uniquement un contact physique ou téléphonique, sans obtenir de rendez- vous, mais je laisse s'écouler un délai d'un an pour ne pas lui donner l'impression que je le harcèle.

Mon ami, il faut faire preuve d'humilité dans l'exercice de votre métier.
Après un contact téléphonique ou physique sans entretien votre prospect vous aura très rapidement oublié.
Son contact fugitif avec un commercial lui sortira très rapidement de son esprit. Il a des occupations, des préoccupations, des objectifs. Il va très vite ne plus se rappeler de vous.
Vous connaissez le principe d'Archimède ? Tout corps plongé dans un fluide reçoit de la part de celui-ci une poussée verticale, dirigée de bas en haut, égale au poids du volume de fluide déplacé
Vous le connaissiez évidemment ?
Et bien pour nous vendeurs, le principe est le suivant « **tout prospect que vous avez contacté physiquement ou téléphoniquement, sans avoir obtenu d'entretien, sous un délai de maximum trois mois vous aura complètement, mais alors complètement oublié.** »
La vente est un métier de tondeuse à gazon. Il faut passer régulièrement, venir et revenir encore et encore.
De l'humilité...et de l'huile de coude... »

56 - PRENDRE DES DECISIONS FORTES

Trop facile

Norbert recrute à La Rochelle pour le compte d'une importante société spécialisée dans la vente de produits surgelés à la clientèle des particuliers.
Il a reçu les candidats le matin et à midi, le responsable de la firme, le sympathique Augustin DECOUDUN l'invite à déjeuner.

La conversation est agréable et vers la fin du repas, DECOUDUN qui a aimé parler de l'activité de sa société, souriant, déclare, semblant avouer une faute.
« Il faut reconnaître que nous versons dans la facilité.
Vous l'avez compris notre force commerciale est constituée par une quinzaine de vendeurs livreurs qui circulent, chacun dans son petit camion, dans son secteur bien délimité afin de proposer et livrer sur place, chaque semaine, notre marchandise et alimenter les congélateurs de nos clients.

Mais notre force de vente comprend également deux ténors, je veux dire deux excellents commerciaux, grands spécialistes de la vente en porte à porte.
Inutile de vous préciser que le salaire des deux ténors est beaucoup plus important que celui des vendeurs livreurs.

- Mais vous disiez que vous alliez dans la facilité ?
Oui, parce que voyez-vous, lorsqu'un client, trois semaines de suite, n'a passé aucune commande au vendeur livreur, nous retirons ses coordonnées de notre fichier actif et chargeons le grand commercial de remplacer cette fiche en créant un nouveau client.

- Vous ne cherchez pas à tout faire pour récupérer le client devenu non actif ?
- Nullement et c'est pourquoi nous versons dans la facilité car, vous le savez bien, on passe 80% de son temps pour 20% de son chiffre.
Donc, pas de combat infructueux ou peu fructueux avec beaucoup de temps passé, mais du neuf, de nouveaux adhérents séduits par le concept et notre organisation et qui nouvellement convaincus vont être immédiatement productifs.

C'est tellement plus facile que de patauger dans les ennuis.
Nous faisons tout pour satisfaire nos clients. Nous respectons ceux à qui cela ne suffit pas mais nous les remplaçons par d'autres.
C'est tellement plus simple...et générateur de chiffre d'affaires.
En rentrant à son bureau, Norbert sourit tout seul dans son véhicule en pensant « Facilité, c'est vite dit. Quand je pense que 80% des commerciaux éprouvent des difficultés à prospecter et ont peur de la prospection, je trouve que la « facilité » de DECOUDUN est admirable.
Qu'est-ce que ça doit être quand il trouve quelque chose difficile ? »

57 - DIFFERENCIER DISCUTER ET VENDRE

Le semeur

« Monsieur GELATI, vous faites partie de notre équipe commerciale depuis deux mois et demi et vous n'avez encore rien vendu.
Nous avons essayé de vous apporter toute l'aide possible, mais nous ne pourrons pas continuer longtemps ainsi.
- Monsieur VERDON, ne vous inquiétez pas et faites- moi confiance.
Les résultats sont proches et ils vont être spectaculaires.
Je ne suis pas un vendeur à la sauvette, je travaille intelligemment, je vais au fond des choses, je construis, je bâtis une clientèle inexpugnable.
A l'heure actuelle je sème.
Je sème partout dans mon territoire.
Et après le semis, j'arrose et la récolte va être superbe.
Encore un tout petit peu de patience et vous allez me complimenter et me féliciter pour mon ouvrage. »

Tout au long de sa carrière d'intervenant commercial, Jacques LERAY a régulièrement travaillé pour des clients, souvent artisans et peu pointus en matière de commerce.
Souvent ils ont parlé de leur « semeur ».
Jacques est parvenu un certain nombre de fois à interrompre les semis en convaincant son client de permettre à son semeur d'aller semer ailleurs.
Celui-ci a parfois manifesté son vif mécontentement en précisant que honteusement le chef d'entreprise le congédiait pour recueillir sans le commissionner la pluie de pièces d'or qui allait tomber.

Dans ce type de situation, on n'a jamais recueilli la moindre pièce d'or.
Après le départ du semeur, tous ses prospects ont été visités et il a été rencontré en règle générale des gens charmants, heureux de se détendre en bavardant de façon agréable avec un « commercial » sympathique.
En attendant, les acheteurs courent toujours !

Il faut se rappeler que semer signifie également perdre de vue !

58 - TROUVER DES CLIENTS PARTOUT

Madame LEDESERT

Nous sommes au Havre au début ses années 60.
Le Havre a été détruit aux 2 tiers et Pierre et ses camarades ont été à l'école en marchant pendant des années et des années dans des rues bordées de ruines des 2 côtés.
Les halles centrales de la ville océane, comme la bourse, le théâtre et beaucoup d'autres bâtiments ont été anéantis.
D'autres constructions les remplacent bientôt.

C'est avec plaisir que les Havrais font connaissance des nouvelles halles, bel ensemble qui vient d'être édifié en plein cœur de la ville.
Pierre, commercial dans les calculettes et caisses enregistreuses s'y rend bien sûr, pour découvrir, et puis parce que de nombreux commerçants se sont installés là, l'endroit semble rêvé pour vendre ses produits.
A l'entrée, avant les rayons alimentaires, se trouve un marchand de chaussures. Alors qu'il s'installe, il déclare à Pierre, sur un ton qui ne prête pas à discussion :
« Les halles monsieur, c'est une catastrophe, tout le monde vous le dira. Tout a été mal conçu, mal situé, aucun commerçant n'y gagne sa vie, tout le monde vous le dira et c'est général. D'ailleurs, les commerces vont fermer les uns après les autres. Désolé pour vous, mais vous ne vendrez rien ici monsieur. »

Pierre est très jeune et encore très influençable. Il se dit: « Ce monsieur ne plaisantait pas, il était très sérieux, si tout va mal aux halles, il ne faut pas que j'y perde mon temps. »

Au fin fond de l'agglomération Havraise, dans une toute petite banlieue, Aplemont, se trouve un magasin où une sexagénaire vend des vêtements pour enfants.
Il s'agit de madame LEDESERT.
Son magasin n'est pas grand et très banal.
On peut être sexagénaire et avoir un physique encore attrayant.
Ce n'est pas son cas...Elle louche quelque peu, est forte, infirme,... et son commerce ne désemplit pas.

Pierre lui a vendu une machine à calculer et 2 mois plus tard, une belle machine à écrire.

Des Havraises prennent le bus jusqu'au terminus pour faire leurs emplettes chez madame LEDESERT.

Cette cliente vient d'acheter une robe pour sa fillette, est ravie de son achat et madame LEDESERT lui dit « Ecoutez, je vais vous montrer quelque chose ».

Aidée par sa béquille, elle va jusqu'à un tabouret, monte dessus « Police secours, j'ai peur » se dit Pierre la première fois, mais elle arrive à monter sur le tabouret, c'est de la voltige !

Elle saisit une boite, redescend, « regardez cet adorable short, il irait parfaitement à Xavier.

Regardez comme c'est mignon. Je ne veux pas grever votre budget, mais le prix est tout à fait abordable.

Il m'en reste un, voulez- vous que je vous le garde pour la prochaine fois ou préférez le prendre tout de suite ? »
Et la dame achète.

Pierre raconte cela à son inspecteur Patrick FREITAG, en remarquant « C'est incroyable, elle fait des affaires en or au bout du monde et le commerce est totalement mort aux nouvelles halles. »
- Et tu as cru cela ?

Il faut t'aguerrir mon petit gars et apprendre à ne plus croire aux sornettes qui te sont racontées.

Ce ne sont pas les halles qui génèrent de mauvaises affaires, c'est ce commerçant qui est mauvais et met son manque de compétence et de dynamisme sur le dos de son environnement.

Retourne vite aux halles ».

Pierre y retourne...et fait de bonnes affaires...
D'ailleurs, le marchand de chaussures, qui dénigrait les halles, y est toujours lui aussi. Et se plaint auprès de ceux qui veulent bien l'écouter.

Quand on communique comme un pied, peut-on quand même réussir dans la chaussure ?

59 - NE PAS CONFONDRE ACTIVITE ET EFFICACITE

La proposition

12 chefs d'entreprises, dans le domaine des ouvertures fermetures, sont venus pour participer à deux journées sur le thème du management commercial.
Comment recruter des commerciaux la première journée.
Comment diriger des commerciaux le lendemain.

Dans le cadre de la formation il est abordé les 5 phases de la vente, en commençant par la phase contact, comment créer de nouveaux clients.

Une charmante quadragénaire propriétaire de 3 entreprises de portes et fenêtres en région Parisienne, participe pleinement à la réunion et alors que l'intervenant parle de la nécessité absolue de créer de nouveaux comptes, elle intervient.
« - Je veux bien, mais ce n'est pas aussi simple que cela.
J'ai embauché il y a 3 mois un commercial et une « télépro » pour qu'elle lui prenne des rendez-vous afin justement d'ouvrir des comptes.
- Et alors ?
- Aucune affaire, même petite, n'a encore été réalisée.
- Aucune ?
- Aucune, mais le portefeuille se meuble et je ne suis pas trop soucieuse, les ventes vont finir par se concrétiser.
- Vous me dîtes bien Carmen, que tous les rendez-vous lui sont fournis et qu'en 3 mois il n'a rien vendu ?
- Oui mais cela va venir. Vous savez, ce n'est pas si simple.
- Rien du tout en 3 mois ?
Non, mais...cela va sûrement venir.

Un semeur, un magnifique semeur – l'intervenant rajeunit- et une naïveté managériale extraordinaire.
L'intervenant fait alors une proposition.
« Carmen, je vous propose de mettre en jeu 20 000 euros. Je ne suis pas riche, mais j'ai du courage.

Je ne connais absolument rien aux portes et aux fenêtres, mais acceptez-vous de m'accueillir 2 jours dans vos locaux pour une formation technique minimum ?
- 2 jours ne suffisent pas.
- O.K., mais deux jours, maximum, devraient me suffire et je n'ai pas besoin de « télépro » ni de fichier.
Si au bout de cinq jours je n'ai rien vendu, pas une seule affaire, vous avez gagné 2 000 euros. »
Selon l'expression consacrée, on entendrait une mouche voler.
« Si par contre je vends et je l'espère avant le terme des 5 jours, alors c'est moi qui ai gagné 20 000 euros. »

Le stagiaire Dijonnais, assis juste à côté d'elle, lui tape gentiment sur l'épaule en lui disant «N'y allez pas Carmen, il est sûr de gagner ».

Ne reste plus à Carmen qu'à faire embaucher son semeur chez un de ses concurrents et à recruter un vendeur, un vrai.

60 - ETRE HEUREUX (EN VIE) POUR DONNER ENVIE

De la joie

Joël AVRIL, bientôt 55 ans, a créé un petit journal gratuit, il y a 25 ans, intitulé « les nouvelles du Mézenc ».

Il distribue son périodique chez les commerçants, dans les salles d'attente de la vallée de la jolie Gazeilles, jusqu'aux abords du Puy.
Bien sûr, le journal, au rédactionnel agréable, vit grâce aux encarts publicitaires.
Joël imprime également les calendriers des petits clubs de football de la région, connu grâce à son passé de footballeur.
Tant bien que mal, l'affaire tient depuis 25 ans.
Pas si mal que cela, car il a toujours pu se rémunérer.

Quel que soit le moment où il déjeune avec AVRIL, l'un de ses amis entend toujours la même litanie : « les affaires sont de plus en plus difficiles, les gens n'ont plus d'argent, Karen (la rédactrice) est insupportable, Madame VAUQUIER (sa commerciale), n'en fait qu'à sa tête, les clubs de foot rognent de plus en plus sur leurs budgets, …etc.
Et Joël est gentil, infiniment brave et...infiniment triste.

Depuis 25 ans, (ou à peu près), sur sa messagerie téléphonique, on entend le discours classique: « Joël Avril est momentanément indisponible, mais il rappellera dès que possible ».
Il a l'air si malheureux et son ton est si las qu'en réalité on peut traduire son bref discours de la façon suivante : « tout va mal, tout va très mal et demain c'est la fin du monde ».
Eh bien, si ce n'est que pour demain Joël, il faut profiter pleinement d'aujourd'hui...
Un peu de joie Joël, c'est excellent pour les affaires et pour la santé.

Comme a dit un jour Jacques Prévert.
« Il faudrait être heureux, ne serait-ce que pour donner l'exemple. »

61 - AVOIR LE SENS DU TIMING

Jamais dans le diocèse

Son oncle, commercial chevronné, le lui a répété à maintes reprises.
« Alexis, il y a une règle d'or dans le métier de commercial: Appliques la formule attribuée à Monseigneur Dupanloup « Jamais dans le diocèse ». ce qui signifie qu'il n'aurait pas été contre le fait qu'un prêtre puisse avoir une aventure, mais ni dans sa paroisse, ni dans le doyenné, enfin nulle part dans le contexte du diocèse.

« Dans notre branche, Frédéric, la règle est la même.
Le vaillant jeune homme que tu es peut avoir une vie sexuelle, mais jamais, au grand jamais, fréquenter, même si elle est très jolie, une demoiselle ou une dame appartenant au personnel d'un client et pas davantage avec une demoiselle ou une dame appartenant au personnel de sa société.
Il n'y a pas d'exception à la règle, sinon la catastrophe est assurée ».

Frédéric a bien compris.
Il est pourtant épris de la pleine de charme et d'humour Amélie, à qui manifestement il ne déplait pas, mais si Tristan Bernard disait qu'il résistait à tout sauf à la tentation, Frédéric, lui, résiste.
Et un jour la nouvelle est tombée « Amélie nous quitte ».
Le soir même de son départ, lorsqu'elle vient de sortir du siège de la société, Frédéric lui propose de prendre l'apéritif dans le bar voisin.
Et elle accepte.

62 - CONTROLER SON ENVIRONNEMENT

Qui va à la chasse...

Un commercial s'active pour remporter un marché important.
Il semble très bien placé pour conclure l'affaire lorsque le décideur l'appelle.
Il souhaite simplement une précision concernant un point technique, juste une précision.

Or notre commercial était sur le point de se rendre, en état d'urgence, aux toilettes pour satisfaire un besoin très pressant.
Au lieu de demander à son interlocuteur de pouvoir le rappeler quelques minutes plus tard, tant est grand son désir de régler le problème immédiatement, il lui dit, »Je vous réponds de suite, je vais dans mon bureau ».
En fait, Il se rend immédiatement aux W.C., baisse slip et pantalon, s'assoit sur la lunette, se met à l'ouvrage et en même temps, téléphone à ce monsieur à l'aide de son portable.
Son explication brève mais précise donne toute satisfaction à son interlocuteur qui commente « Notre affaire est en très bonne voie ».

Alleluia !

Notre homme se lève, actionne machinalement la chasse d'eau, ferme son portable, se rhabille et retourne à son bureau, heureux.
Mais son bonheur ne sera que de courte durée car le client a entendu le bruit de la chasse d'eau et pas apprécié, mais pas apprécié du tout...
Pour son plus grand chagrin et sans qu'il ne sache pourquoi, l'affaire ne se fera pas avec notre ami.

Quand on dit qu'il faut parfois baisser son pantalon pour gagner une affaire, cette anecdote nous montre que c'est après que l'affaire peut se perdre.

63 - SE MEFIER DES GENTILS

Le lièvre

Marine et Antonin CHATELAIN, sympathiques cadres Angoumoisins ont décidé d'acquérir une petite résidence secondaire à Royan.
« Les enfants grandissent, cela leur fera le plus grand bien chaque fois qu'il fera beau de passer le week-end au bord de la mer »

Pour faire aboutir ce projet, il leur faut contracter un prêt et tout naturellement, Antonin prends rendez-vous avec Luc POITOU, le conseiller du crédit X qui gère les comptes de toute la famille. POITOU est presque un ami...mais les conditions qu'il propose déçoivent le couple.
« Tu sais, Marine, on peut se renseigner ailleurs.
- On ne va pas faire d'infidélité à monsieur POITOU, il nous a connu tous petits...
- Certes, mais il dit qu'il ne peut pas faire mieux et je suis presque sûr que l'on peut trouver une meilleure opportunité.
On peut toujours contacter un de leurs concurrents et si la proposition est plus avantageuse, on le fera marcher. C'est de bonne guerre et tu seras d'accord avec moi que nous n'avons pas d'argent à gaspiller. »

Il rencontre donc Ludovic HELOIN, conseiller du crédit Y. HELOIN, motivé par la perspective d'introduire le crédit Y dans une famille « friquée »comme il se dit dans le langage bancaire obtient de sa direction l'autorisation de faire une proposition plus avantageuse.
Antonin téléphone à Luc POITOU et lui dit « Ecoutez, je suis désolé, mais nous allons signer avec le crédit Y, dont l'offre nous convient mieux.
Mais rassurez-vous nous ne quitterons pas complètement votre banque »
« Antonin, ne faites surtout rien, je viendrai chez vous ce soir. Vous m'offrirez peut-être l'apéritif ? »
Et POITOU arrive pour annoncer que sa banque s'aligne finalement sur la position de leur confrère.

Finalement les pigeons n'en étaient pas et manifestement Ludovic HELOIN et sa banque ont servi de « lièvre ».

64 - AIDER LE CLIENT A SE DECIDER ... A VOUS CHOISIR

L'alternative

Patrice FREITAG, l'inspecteur des ventes de ce grand fabricant d'ordinateurs américains apprend aux équipes commerciales de son distributeur certaines finesses des techniques de la vente.
« Pour conclure, il faut pratiquer l'alternative.
- ?
- Très simple. Lorsque vous présentez l'ordinateur à un prospect, il ne faut pas que la question qu'il se pose soit: J'achète ou je n'achète pas.
- Alors ?
- Et bien, pratiquez cette bonne vieille alternative qui a fait ses preuves et continue à les faire.
« L'alternative ?
- Oui, un choix qui vaut décision d'achat.
- L'ordinateur qui vous convient:
    Est-ce le portable ou la tour ?
    Le 15 pouces ou le 18 pouces ?
    Celui avec le fond bleu ou celui avec le fond noir ?

Il faut arriver à faire en sorte que son problème ne soit pas d'acheter ou de ne pas acheter mais laquelle des deux options est celle qu'il faut adopter.
Même s'il choisit le plus petit modèle, vous êtes entré dans la maison et vous pourrez ensuite « remonter les bretelles » si besoin.

« Et ça fonctionne aussi dans d'autres occasion que la vente ? demande une commerciale qui assiste à la formation.

Bien sûr. Vous voulez que je vous l'explique avant que nous dinions ensemble ou préférez-vous que nous en parlions plutôt après ?

65 - MENTIR POUR LE BIEN DU CLIENT

L'auto concurrence

Pierre progresse.
Il pratique maintenant l'auto-concurrence.

S'il s'aperçoit que le prospect aimerait investir dans le duplicateur haut de gamme (la 4 opérations) et ce malgré le bruit important qu'elle fait, mais que le prix va sans doute l'arrêter, Pierre lui démontre que la multiplicatrice (3 opérations) lui suffira amplement et lui donnera toute satisfaction pour un investissement sensiblement plus modeste.
Il démonte, détruit la vente possible de la 4 opérations, trop chère pour son utilisation, dont en fait il n'a pas besoin et le convainc pour une somme plus modeste de s'équiper de la 3 opérations. Il s'est mis en auto concurrence.

Lors de la livraison, Pierre s'est réservé la possibilité d'apprendre au client que sa firme est en rupture de stock pour une durée de 8 jours (ce n'est pas un gros mensonge). Pour s'excuser de la gêne occasionnée et pour qu'il ne soit pas privé de machine à calculer, il lui prête pendant ce laps de temps une 4 opérations.
La semaine écoulée, Pierre vient reprendre son matériel en prêt et livrer la machine commandée. Sauf...si le client, séduit par les avantages énormes de la 4 opérations...décide de faire le saut...

La comparaison permet souvent de se décider objectivement. Quand c'est une comparaison entre des modèles de la même société, c'est encore mieux. Et cela, Pierre l'a bien compris.

Si ce n'est toi, c'est donc ton frère !

66 - OPTIMISER SON TEMPS DE PRESENCE

Mac Mahon

Patrice FREITAG interroge Pierre.
« Que vas- tu faire demain matin ?
« Je commence de chez moi et de bonne heure... par une petite prospection téléphonique pour obtenir après-demain un rendez-vous sur la commune de Criquetot-l'Esneval et ses environs vendredi.
- Et qui veux-tu contacter? Et bien les menuisiers. Je réussis assez bien dans cette profession et je sais comment m'y prendre.
- Et une fois que tu auras pris ton rendez-vous ?
- Je contacterai les autres menuisiers dans un rayon de 20 kilomètres à partir de Criquetot.
- Sûrement pas.
- Pourquoi ?
- Il faut appliquer la formule de Mac Mahon « **J'y suis, j'y reste** ».
Sois efficace.si tu as un rendez- vous à Criquetot, il faut rester à Criquetot.
Puisque tu connais les pages jaunes, utilise maintenant les pages blanches.
Sur les 3 pages consacrées à cette localité, tu coches au crayon, tout ce qui te paraît susceptible d'être intéressé par notre matériel en commençant par la lettre A et...en finissant par la lettre Z.
Il faut faire un minimum de kilomètres pour être efficace et Il ne faut pas se disperser.
Evidemment, si sur place tu aperçois une affaire que tu n'as pas repérée sur l'annuaire et qui paraît intéressante, tu entres dire bonjour. C'est important de dire bonjour ! ...
A Criquetot (comme ailleurs), il y a de quoi faire.
Mais surtout n'oublie pas Mac Mahon.
Tu y es, tu y restes !

67 - VISUALISER SON BUSINESS

La carte murale

Patrice FREITAG remarque :   » Pierre, tu as un bureau ici et ton bureau est adossé à un mur.
- Oui ?
- C'est l'endroit idéal pour positionner une carte.
- Quelle carte ?
- La carte du département et entourées en couleur vive, les limites de ton secteur.
- Et alors ?
- Tu joues, tu t'amuses. Tu disposes des petites épingles, par exemple blanches, dans les communes où tu n'as qu'un client.
Des épingles bleues pour 2 clients...rouges pour 5.
Une punaise pour 10 clients, 2 pour 20...enfin, à ton idée.
- Et ensuite ?
- Et ensuite, chaque fois que tu te trouves ici (pas trop souvent, parce que le bureau d'un commercial, c'est la route), tu observes la carte et tu te poses des questions.
- Lesquelles ?
- Par exemple, ici, j'ai pas mal de clients, dois-je insister à cet endroit parce que je commence à être connu?
Ici, je n'ai presque rien.
Pourquoi ?
Ici, il n'y a rien du tout.
Pourquoi ?
Il faut que je m'en occupe.
Quand ?
En m'y prenant comment ?

Et je suis sûr, que tu trouveras toutes les autres questions.
La carte affichée devant soi est un formidable vecteur pour se poser de bonnes questions.
Et n'oublie, pas, c'est bien connu, si j'ai une question, j'ai une chance de trouver la réponse.
Si je n'en ai pas....

68 - APPLIQUER LES RECETTES QUI ONT FAIT LEURS PREUVES.

Vieux comme Hérode

Comme disait Victor Hugo « et ceci se passait dans des temps très anciens ».
Ludovic vend des photocopieurs.
Il est « vendeur machines ».
Sa mission consiste à créer de nouveaux clients et uniquement créer de nouveaux clients.
Contacter, démontrer, vendre.
Convaincre un prospect de devenir client.
Les vendeurs machines sont les plus affûtés.
Les vendeurs fournitures sont ceux, sérieux, appliqués, travailleurs, mais dont le talent n'est pas éblouissant, et qui vendent aux clients existants, anciens et nouvellement créés les consommables que commercialisent la firme.
Certains les surnomment peu aimablement « les épiciers ».
C'est cependant sur les épaules des « épiciers » que repose le chiffre d'affaires et souvent la marge de la société.

On a appris à Ludovic à s'organiser et il applique la méthode de façon toute simple; mais rationnelle et efficace.
Le lundi, il participe au court briefing du début de semaine, puis occupe sa journée à prospecter, à prendre des rendez-vous, à raison de 3 par journée de travail, c'est-à-dire 12 par semaine, plus deux ou trois sans timing précis, au cas où.
Simple comme bonjour. Trois démonstrations par jour et la loi des grands nombres lui assurent que les résultats seront là.

A l'échelle du Business, ceci se passait dans des temps très anciens, mais aujourd'hui encore, des commerciaux de la vente de biens d'équipement et de services pratiquent de la même façon, simple comme bonjour et toujours gagnante.

69 - AGIR A BON ESCIENT

Bien mauvais

Vincent GODEFROI reçoit un de ses collaborateurs.
« Monsieur, je me suis éclaté, vous allez être satisfait, j'ai effectué hier 5 démonstrations.
Je suis rentré chez moi fatigué, mais content de moi.
- 5 démonstrations ?
- Oui Monsieur.
- - Vous avez dû être bien mauvais ?
- Comment ?
- Vous n'avez évidemment rien vendu ?
- Non, mais...
- Mais pour réussir dans ce domaine, il faut effectuer 3 excellentes démonstrations (ou 3 excellents entretiens dans d'autres branches) et pour que ces prestations soient excellentes, il faut que le vendeur s'implique totalement, effectue une parfaite découverte du client et de ses besoins, soit empathique, convaincant et puncheur.

Au bout de 3 démonstrations de cette qualité, un commercial qui a bien fait son travail doit être fatigué éprouver le besoin légitime de se détendre et de se reposer.
Vous avez effectué 5 démonstrations ?
- Oui...
- Vous avez dû être bien mauvais.

Ainsi va la vente et le management de la vente.
De la quantité et de la qualité. Tout est dit. Il reste à faire.

70 - CHERCHER LE CONTACT DIRECT

Les archis

Malgré son âge avancé, ce formateur commercial continue à prodiguer ses conseils auprès de quelques clients devenus des amis.
Aujourd'hui, l'un de ses amis, Cédric, explique : « Nous avons un très gros problème de prospection.
- Oui ?
- Pour vendre nos produits- des coffres en bois de volets roulants- il faut impérativement que nous rencontrions les architectes, car les architectes prescrivent les matériaux qu'ils ont sélectionnés lors des mises en concurrence et les artisans qui constituent notre clientèle sont obligés de suivre les prescriptions des architectes.
Si nous ne pouvons les convaincre de l'intérêt de nos fabrications nous ne vendrons jamais.
- Oui ?
- Le problème, c'est que les architectes, sauf rarissime exception sont inaccessibles, car les secrétaires font un barrage infranchissable.

Le formateur se lève et va chercher un annuaire papier pages jaunes.
Au bout d'environ 5 minutes il déclare « Il y a 332 archis à Nantes ville.
- Tant que ça ?
Oui, et tu noteras que 36 d'entre eux (donc 11%) et pas forcément des moindres, affichent leurs numéros de portable. Voici donc 36 archis où le barrage inexpugnable n'est pas un problème puisque tu peux les joindre en direct. Et la proportion doit être la même, sur Rennes, St- Nazaire, La Roche etc...
Tu peux déjà mettre tes garçons là-dessus.
Mais remarque bien Cédric que sur Nantes, je les ai comptés, il y a 286 archis dont la raison sociale est constituée par leur nom et leur prénom, point final.
Guillaume Marchand,
Caroline Lelong,
Frédéric Castanier (…).
Si tu téléphones entre 8 heures et 8 heures 15, en principe Marchand, Lelong et Castanier sont arrivés à leur bureau.

Si le téléphone sonne, il n'y a peu de chance d'échapper au barrage. Donc Marchand, Lelong, Castanier et des quantités d'autres décrochent le téléphone et tu les as en direct.
Tu as donc pléthore d'architectes où je ne décèle aucune difficulté pour les contacter.
Où est le problème ?

Quand on veut voir le lever de soleil au sommet de la montagne, il faut savoir se mettre en marche au bon moment.
Quand on dit que l'avenir appartient à ceux qui se lèvent tôt.

71 - SE TAIRE

Le conseiller

Cela se passe à Sedan, il y a quelques temps déjà.
Un homme, un peu plus de la trentaine, est installé depuis 9 heures du matin devant une table d'un café P.M.U. de Sedan, sur laquelle il a installé une pile de journaux.
Il consomme plusieurs cafés au lait et une bière en fin de matinée.
Dans son coin de salle, il ne dit mot et consulte sans relâche des revues concernant le P.M.U.
Il lit, réfléchit, note, compare, passe d'un journal à l'autre et note, note toujours.

En fin de matinée, il se lève, souriant, l'air manifestement satisfait et se dirige vers le cafetier pour faire valider son tiercé.
« Voila » lui dit-il, j'ai beaucoup travaillé la question, très sérieusement, en quelque sorte scientifiquement et je crois pouvoir affirmer que mes réflexions et mon analyse ne peuvent me tromper ». Et il sourit « si je ne suis pas assuré de toucher le tiercé dans l'ordre je crois être certain et il sourit encore, dans le plus mauvais des cas de le toucher au moins dans le désordre voici mon choix Sardonopole, Napoléon, Carolin et Pilate ».

Le cafetier, robuste individu à la langue bien pendue, sourit à son tour.
«Eh, bien, c'est parfait. Vous avez bien travaillé.
Sardonopole est à bout de souffle, Carolin est une carne et Pilate pas dans le coup actuellement.
J'enregistre votre pari, monsieur, mais je vous le dit tout de go, vous êtes dans l'erreur, totalement dans l'erreur ».

Le cafetier avait raison. Les 4 pur-sang finirent « dans les choux ». Malgré toutes ses réflexions, déductions et ses calculs le client était dans l'erreur, totalement dans l'erreur, totalement dans l'erreur.

Mais le cafetier aussi, car il ne revit jamais le client.

72 - RESTER A SA PLACE

Le professeur

Après avoir fini son honorable carrière de boulanger pâtissier et vendu son affaire, André, à 53 ans passés, s'est reconverti dans la vente.
Fort de sa connaissance du secteur, il a été embauché par une société spécialisé dans l'équipement de boulangerie, du fournil au magasin, en passant par les fournitures indispensables à la bonne marche de l'activité.
André est courageux et toujours prêt à rendre service, ce qui est plutôt de bon augure pour faire du commerce. Il n'a qu'un « petit » défaut. Il se met à la place du client. Quand il voit ces jeunes patrons, ou même des plus anciens, napper des viennoiseries, il ne peut s'empêcher de leur donner des conseils.
« Moi, à votre place, je ferais…..
Moi, quand j'avais mon affaire….
Ce que les clients aimaient, dans mon magasin… »

Certains clients, ne voulant pas le remettre à sa place, le laissent faire. D'autres le remettent en place tout de suite.
André se demande pourquoi les gens sont parfois agressifs alors qu'il ne veut que les aider.
Malgré toute sa compétence technique, il a encore beaucoup à apprendre sur la psychologie humaine.
On dit parfois qu'il faut savoir se mettre à la place du client. Sans doute cela est-il vrai. Mais il ne faut pas trop en montrer.
Ainsi va la vie.
Ainsi va la vente.

73 - EVITER DE PARLER POLITIQUE

Les élections

Franck KLEIN est commercial dans une grande papeterie de Strasbourg et vend des palettes de papier aux petites papeteries locales Alsaciennes, dans les sociétés industrielles et les administrations.

Un mardi, au moment de l'apéritif, Bernard, l'un de ses amis commercial lui déclare : « Je me présente sur une liste aux élections municipales. »
Sélestat vote à gauche depuis toujours et Bernard précise qu'il a intégré une liste dissidente de droite.

Donc, pense Franck, non seulement il prend parti publiquement, mais qui plus est sa liste n'a aucune chance d'être élue.
« Tu comprends Franck, Luc MULLER, notre tête de liste nous a bien expliqué qu'il faut que l'on s'implique, que l'on soit dynamiques, que l'on remue, que l'on se bouge.
- Ok mais je pense que tu ne vas pas te faire que des amis. »

Lors d'un de ses passages, Franck visite un bon client, le lycée de Sélestat. Nathalie Schwartz, la documentaliste, fille du proviseur et militante de gauche comme son père, explose : « Vous avez- vu ce qu'il a fait Bernard ?
Vous avez vu sur quelle liste il se présente ?
Un enfant du pays, toute sa scolarité dans l'établissement, c'est une honte... »
Franck ne peut s'empêcher de penser que faire toutes ses classes dans un groupe scolaire, n'interdit pas d'avoir des idées de droite (pour tout et autant que Bernard ait des idées de droite), mais prudemment il ne dit mot, et laisse passer l'orage.
« C'est une véritable honte. Papa est entièrement d'accord avec moi, nous ne lui passerons plus aucune commande ».
Elle ne sera pas la seule.
Un an plus tard Bernard devra chercher un autre travail de commercial.

74 - QUI SE RESSEMBLE S'ASSEMBLE (OU PAS)

Circuit fermé.

Guillaume MARTIN est dentiste à Reims.
Dans sa salle d'attente, la table rectangulaire qui trône au milieu de la pièce est remplie de journaux, brochures affichant des idées délibérément de gauche et 2 press books présentent des extraits de presse démontant et ridiculisant la droite.

Il n'est pas aisé d'obtenir un rendez- vous rapide avec Guillaume MARTIN.
Son carnet de rendez- vous est plein, plein...déborde même !

Il soigne du matin au soir...et uniquement des dents de gauche !

75 - VENDRE A LA COMMUNAUTE

Les amis de mes amis

Caroline et Fernand PINEL tiennent un magasin de vêtements hommes et femmes à Tinqueux dans la banlieue de Reims.
La boutique est située en dehors de la petite zone commerciale de Tinqueux dans un « coin perdu ».
Elle est certes très bien achalandée, mais n'attire pas l'œil du passant, d'autant plus qu'en ce lieu il n'y a guère de passants.
Pas d'allure donc, bien achalandée donc, des prix raisonnables et le magasin ne désemplit pas de l'ouverture matinale au soir et souvent après l'heure de fermeture.

Il faut savoir que Caroline et Fernand sont membres du bureau des témoins de Jéhovah pour toute la Marne.
Ils sont assistés par leur jeune fille et deux vendeuses, toutes 3, bien sûr, témoins de Jéhovah.

Leurs convictions ne sont pas à mettre en doute ni en cause, mais en tous cas commercialement parlant, que l'on nous pardonne un peu de trivialité, mais cela fonctionne « à fond la caisse ».

Les voix du seigneur sont impénétrables, mais pas les réseaux et ls communautés.

76 - JOUER LA NEUTRALITE POUR ELARGIR SA CLIENTELE

Le rassembleur

Franck KLEIN dans son Alsace natale n'affiche aucune conviction, ni politique, ni religieuse.
Sa religion, c'est la vente, seulement la vente, toute la vente.
Il a certes des opinions, des engagements, mais sans les cacher hermétiquement il ne les expose pas orbi et urbi.
Cet excellent commercial écoute les propos de chacun, sourit toujours aimablement. Son sourire peut souvent laisser penser qu'il est en accord avec les propos qui lui sont tenus, mais en aucun cas il ne s'engage verbalement.
Lorsqu'il sort de l'évêché - parfois avec une belle commande de papier - il a entendu le chancelier lui tenir une conversation totalement en accord avec ses idées et 300 mètres plus loin, le responsable de l'U.D. C.G.T. tenir un langage... extrêmement différent.
Il écoute toujours, il sourit toujours, mais jamais n'approuve ouvertement pour flatter son interlocuteur en trichant avec lui-même.

Son écoute plaît, sa gentillesse plaît, sa marchandise aussi et il exerce son métier dans tous les contextes idéologiques, toujours respectueux, jamais félon, toujours au service de chacun et toujours en accord avec sa conscience.
Il n'est pas tombé et ne tombera pas dans le piège où se sont engouffrés nombre de ses collègues.

Franck KLEIN est un élément d'avenir qui sera certainement nommé dans un avenir assez proche, chef de vente et pourquoi pas un jour directeur commercial ?

La vente est certainement la religion qui compte que plus grand nombre d'adeptes dont certains ne le savent même pas.

77 - RESTER VIGILANT ET NE JAMAIS CROIRE QUE L'AFFAIRE EST FAITE.

Le forcing

La Lozère est le moins peuplé des départements Français et Mendes, sa sympathique préfecture, ne compte que 12 000 habitants.
Le directeur régional, Yvan FERNANDEZ, d'une grande société de reprographie, décide de « frapper un grand coup », en programmant une grande réception des clients du département et bien sûr, de prospects.

Il a réservé une grande et belle salle, fait installer toute la gamme de leurs machines sur des supports, ménagé des espaces où ses collaborateurs pourront recevoir les visiteurs, pour tenter de vendre sur le champ.
Dès l'entrée est visible un magnifique buffet, riche en entrées, viandes, pâtisseries, boissons, capable de motiver le moins affamé des invités.

José PEREIRA est venu demander à son chef de vente de venir lui prêter main forte, « Monseigneur MALBROUCH, le curé d'une paroisse proche de Mendes est présent, depuis le temps que je le visite, c'est le moment où jamais de l'équiper d'un copieur. Le département est pauvre mais le prêtre a de l'argent, et notre modèle Horizon 17 lui rendra de grands services. »

Les deux hommes invitent le prêtre à parler affaire dans un endroit plus tranquille. Ils sont installés dans un espace bureau, agréablement entouré de plantes vertes, en face de l'ecclésiastique qu'ils assaillent littéralement.

« Monsieur le curé, notre Horizon 17 vous permettra d'éditer un petit bulletin commercial, de dupliquer de la musique, des convocations, etc... et à la faveur de cette grande journée d'exposition et uniquement ce jour, nous avons obtenu l'autorisation de notre directeur de vous faire des conditions tout bonnement ahurissantes ».

Ils se relaient tous les 2, feu extrêmement nourri : Mitrailleuse, bazooka, grenades et le chef de vente s'apprête à achever le curé à l'arme blanche lorsque celui-ci, en s'excusant, demande l'autorisation de se rendre aux toilettes.
Elle ne peut lui être refusée (même si elle casse un peu l'action), mais enfin, l'affaire est bien en main...et il ne perd rien pour attendre.

Mais ce sont eux qui attendent.
5 minutes, 10 minutes, un peu plus : Monseigneur MALBROUCH ne revient pas.
« Ce n'est pas possible, il doit être malade ».
Ils décident d'aller faire un tour à cet endroit, ce n'est pas interdit.
Ils visitent tour à tour les deux W.C. Hommes.
Dans l'un d'eux la fenêtre est ouverte, bien qu'il fasse froid.

Le brave prêtre ne voulait pas traiter, estimant cet investissement non prioritaire et n'osant pas le signifier, ne sachant absolument pas comment sortir de ce guet- apens, à ce forcing effréné, ne pouvant pas partir ouvertement par la porte d'entrée (il aurait été poursuivi!) n'avait trouvé d'autre solution que de monter sur la lunette, d'ouvrir la fenêtre située à deux mètres de hauteur, d'effectuer un rétablissement, de sauter...et il court encore !

Ce que Dieu ne veut pas....

78 - SAVOIR VALORISER LE CLIENT

Le jugement.

Un artisan maçon, trentenaire, est entré dans un bureau de poste d'un quartier de Besançon.
Au guichet il demande qu'on puisse le guider sur de bons placements financiers.

Juste ciel que les banquiers et assureurs sont demandeurs de ce genre de demande !

La guichetière s'absente un court instant pour informer un conseiller financier dont le bureau est situé derrière la salle d'accueil.
Celui-ci, enchanté, arrive illico, mais déchante en constatant qu'il s'agit d'un jeune de 30 ans environ, dans une tenue de travail bleue, colorée d'un peu de plâtre blanc et rasé de pas très près.

Il est déçu et il a tort car le trentenaire en question a repris la fort belle affaire de son père et la fait marcher rondement. Les revenus permettent de faire vivre confortablement son couple, ses 2 enfants...et il en reste !
Le conseiller ne le fait pas entrer dans son bureau et reste derrière le comptoir. Il y a du monde, la salle est bien remplie et il donne des renseignements en des termes que seuls des grands techniciens pourraient décrypter. Il termine en apothéose sur « l'importance du taux actuariel brut sur la provision mathématique du rachat avant terme ».

Le jeune artisan sourit de façon adorable « Merci beaucoup monsieur, je vais en parler à Lulu »

Il y a quand même un côté positif dans cette histoire.
Le conseiller bancaire a maintenant du temps pour chercher des clients et prospecter puisque le maçon, lui, n'est jamais revenu.

79 - GERER LE NON VERBAL

Le négociateur

Alors qu'il cherche à comprendre ce que lui dit son interlocuteur, Loïc fronce les sourcils.

Il fronce les sourcils, non pas qu'il n'est pas d'accord, mais surtout parce qu'il cherche à bien comprendre ce que lui dit le vendeur.

En effet, l'action se passe en Angleterre et Loïc est français alors que le commercial est anglais.

Et c'est parce qu'il maîtrise mal l'anglais que Loïc fronce les sourcils, pour se consacrer sur la proposition, afin d'être sûr de bien comprendre toutes les subtilités de la proposition qui lui est faite.

Le commercial anglais croit comprendre, au froncement des sourcils, que Loïc n'est pas vraiment d'accord.

Aussi commence – t – il à baisser son prix, comme le font souvent les commerciaux soucieux de convaincre leurs clients de l'intérêt de leur proposition.

Ce qui a pour effet d'augmenter le froncement de sourcils de Loïc qui ne comprend pas vraiment cette remise alors qu'il n'a encore rien demandé.

Quand l'affaire fut terminée, avec une excellente remise pour Loïc, nous lui avons expliqué l'importance de la gestuelle dans la relation entre les individus.

Depuis il en joue, quand il achète et quand il vend et souvent, il gagne !

80 EVACUER LES PROBLEMES ET TROUVER LES SOLUTIONS

Les bons et les moyens

Jean visite un de ses bons clients et grand ami, Claude, gérant d'une société d'aménagement de combles.
Françoise, son assistante depuis 15 ans entre dans le bureau et déclare « Claude, je n'y arrive plus toute seule, il y a trop de travail de secrétariat, j'ai vraiment besoin d'une dame qui gère toute la partie commerciale ».
Claude regarde Jean et lui dit « Tu sais ce qu'il te reste à faire ».

Jean met donc en route une action de recrutement.
Lorsqu'il s'agit d'une employée de bureau, il faut savoir que les réponses à l'annonce sont innombrables.
Fidèle à ses principes, Jean propose aux candidates d'adresser leur C.V. par mail et donne un créneau de 2 heures 30, le lundi suivant, permettant à celles qui le souhaitent de joindre téléphoniquement sa collaboratrice.

Alors que le texte de l'annonce est partie au journal pour publication, sa collaboratrice se rend compte que malgré leurs relectures et contrôles successifs, ils ont oublié d'indiquer le numéro de téléphone...

Evidemment, personne n'appellera et le journal propose de repasser l'annonce la semaine prochaine.
- Attendons un peu, répond Jean que ce report n'arrange pas du tout.
Et en effet, une heure plus tard, la collaboratrice contacte Jean pour lui dire qu'il y a des personnes qui téléphonent pour l'annonce.

En fait, il y avait des candidates, intelligentes, réellement intéressées par l'offre et réactives, qui téléphonaient à la régie en disant « Sur votre annonce il est indiqué que l'on peut appeler entre 14 heures et 16 heures 30 ce jour, et le numéro de téléphone n'est pas indiqué. Pouvez-vous me le communiquer ? »
Ce qui fut fait immédiatement 8 fois.

Jean et sa collaboratrice ont sélectionné en priorité les 8 appelantes, qui lui ont parues toutes intéressantes. Parallèlement, ils reçurent 183 autres C.V.
23 candidates débutaient leur lettre de motivation en faisant remarquer que l'on pouvait téléphoner, mais que le numéro de téléphone n'était pas indiqué (De qui se moque-t-on?).
Jean a tendance à les éliminer.

En final, il restait 3 candidates dont 2 faisaient partie de celles qui avaient appelées.

L'une d'elle, une dénommée Elodie fut choisie et embauchée. Aux dernières nouvelles, elle donne toujours entière satisfaction.
Autant dire qu'elle est toujours pleine d'initiatives et que ce ne sont pas les obstacles qui l'arrêtent dans son travail.
On peut dire d'elle que c'est un sacré numéro.

Comme quoi dans la vente, on n'a pas toujours besoin d'avoir le bon numéro pour faire du chiffre.

LES CITATIONS AUXQUELLES VOUS CROYEZ AVOIR ECHAPPE

Si vous voulez obtenir quelque chose que vous n'avez jamais eu, vous devez être prêt à faire quelque chose que vous n'avez jamais fait.

Les vendeurs c'est comme les steaks.
Je les préfère saignants plutôt que bleus.

Vendeur peu saignant, commande pas signée.

Quand on est dans la M.... jusqu'au cou,
ce n'est pas le moment de baisser la tête.

Il faut savoir se retrousser les manches
pour éviter d'avoir à se serrer la ceinture.

En formule 1, les 10 premiers sont classés
En athlétisme, les 3 premiers sont médaillés.
En vente, le premier prend tout.

En vente, contrairement au dicton, ce ne sont les meilleurs qui s'en vont les premiers. Les meilleurs restent.

Les remises sont comme les cigarettes. L'abus est dangereux et nuit gravement à la santé des entreprises.

Qui n'a pas vendu n'a pas à se soucier du service après-vente.

Vendeur un jour, vendeur toujours

Artiste peintre commercial propose de refaire votre plafond prix plancher et échangerait CHAT BLANC contre CHABLIS....
         ...a bon entendeur....

LES AUTEURS

JEAN-L LEHMAN
Grand vendeur devant l'éternel, Jean-L a officié pendant des dizaines d'années comme prospecteur, vendeur, chef des ventes et directeur commercial dans le domaine de la reprographie. Il a consacré les dernières années de son activité professionnelle à partager son expérience comme formateur mais aussi comme recruteur spécialisé dans l'activité commerciale.
A bientôt 80 ans, sollicité par ses clients, il consacre encore son énergie et son temps à conseiller dans le domaine du recrutement et du coaching commercial.
Sur les 25 dernières années, Jean-L a publié 5 livres sur la vente.

DANIEL CISSE
Après avoir débuté sa carrière commerciale dans le domaine de la microscopie et des instruments optiques puis dans une filiale de la Générale des eaux, Daniel a fondé Business Training, société de formation et de conseil pour la dynamisation des forces commerciales. Depuis bientôt 30 ans, passionné par la relation commerciale, il crée des outils reconnus pour leurs efficacité, anime des sessions de formation, coache des équipes commerciales et leurs managers. Il anime également des conférences sur la motivation.
Sur les 25 dernières années Daniel a publié 9 livres sur la vente.

FRANCOIS LECAUCHOIS dit Flec
Maitre dessinateur et illustrateur, Flec dynamise les conférences en illustrant en direct les propos des intervenants. Son humour et sa réactivité en font l'un des meilleurs spécialistes dans son domaine.
Son coup de crayon et son regard décalé permettent de replacer les contenus dans une perspective très souvent décapante.
Sur les 25 dernières années, Flec a également illustré de nombreux ouvrages dans des secteurs d'activité très variés.